My knit bag

R*oom 지음

강수현 옮김

박강혜 감수

Prologue

패브릭 백도 좋지만 특별한 가방이 갖고 싶다면,
편안하게 들 수 있으면서도 예쁜 니트 백을 추천해요.

이 책에는 매일매일 사용해도 좋은 베이식 아이템부터
사랑스러운 디자인이 돋보이는 포인트 아이템까지,
세련되고 귀여운 가방과 파우치 20가지가 담겨있어요.
초보자들도 쉽게 따라 할 수 있는 '짧은뜨기' 방법을 활용한 소품이 많아요.
부드러운 실을 사용하고 탄탄한 형태로 모양을 잡아 완성했답니다.

나에게 어울리는 색감과 크기, 스타일을 찾아 만들어보세요.
멋진 봄·여름을 즐길 수 있을 거예요.

CONTENTS

Prologue　P2
기본 뜨개법　P74

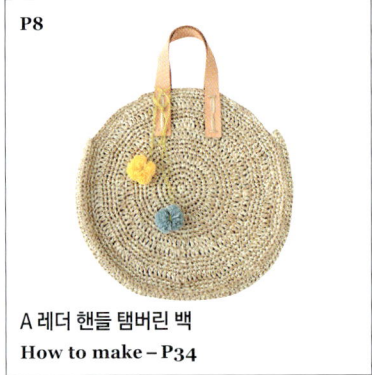

P8

A 레더 핸들 탬버린 백
How to make – P34

P9

B 폼폼 클러치 백
How to make – P36

P10

C 주트사로 뜬 마르셰 백
How to make – P38

P12

D 패널 토트백
How to make – P40

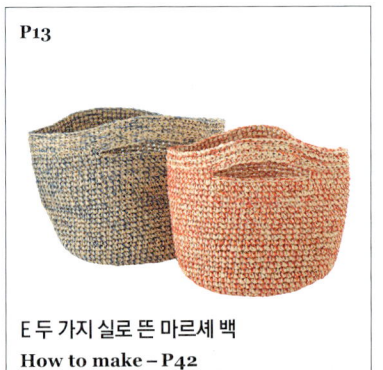

P13

E 두 가지 실로 뜬 마르셰 백
How to make – P42

P14

F 패브릭 핸들 원형 백
How to make – P44

P16

G 리넨 실로 뜬 네트 백
How to make – P46

P18

H 모노톤 마르셰 백
How to make – P48

* 이 책에 실린 작품 및 만드는 법, 디자인 등은 핸드메이드를 즐기는 목적으로만 이용해 주세요. 온라인 판매 사이트, 개인 마켓, 실 판매처 또는 플리 마켓 등 영리 목적의 판매를 모두 금지합니다. 또한 완성 사진이나 도안 등을 참고한 유사품도 영리 목적으로 판매할 수 없다는 점 양해 부탁드립니다.

P19  **I 무늬뜨기로 뜬 클러치 백** How to make – P50	P20  **J 빅 토트백** How to make – P52	P22  **K 패브릭 핸들 마르셰 백** How to make – P54
P23  **L 별 자수 포셰트** How to make – P56	P24  **M 스퀘어 백** How to make – P58	P25  **N 물방울무늬 마르셰 백** How to make – P60
P26  **O 스트라이프 조리개 백** How to make – P62	P27  **P 컬러 토트백** How to make – P64	P28 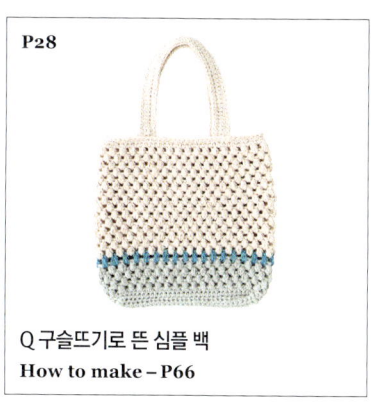 **Q 구슬뜨기로 뜬 심플 백** How to make – P66
P29  **R 원 핸들 숄더백** How to make – P68	P30  **S 무늬뜨기로 뜬 조리개 백** How to make – P70	P31  **T 스트라이프 토트백** How to make – P72

knit bag
Collection

A

레더 핸들 탬버린 백

둥근 모양이 디자인의 포인트예요. 자연스러운 분위기가 묻어나는 소재는 시원한 느낌을 더한답니다. 손잡이에 품품을 거는 대신 스카프를 감아도 좋아요.

How to make – P34

B

폼폼 클러치 백

클러치 백 양옆에 폼폼을 달았어요. 캐주얼하면서도 기하학적인 배색 무늬가 돋보여 무심하게 들어도 아주 멋지답니다.

How to make – P36

C

주트사로 뜬 마르셰 백

심플한 마르셰 백은 가볍지만 튼튼해 실용성이 뛰어나요. 노란색 실을 손잡이에 감아 산뜻하게 보이도록 했어요.

How to make – P38

D

패널 토트백

앞·뒷면, 옆면, 아랫면을 각기 다른 색의 실로 뜬 다음 각각의 면을 꿰매어 연결해 만든 가방이에요. 네이비, 그레이, 옐로우의 색감이 어우러져 차분한 분위기를 연출해요.

How to make – P40

E

두 가지 실로 뜬 마르셰 백

두 종류의 실을 섞어서 만든 마르셰 백이에요. 가방 안에 물건을 넣어 바닥에 두면 훌륭한 인테리어 소품으로 변신한답니다.

How to make – P42

F

패브릭 핸들 원형 백

동글동글 귀여운 모양이 특징이에요. 특이한 패턴을 가지고 있는 패브릭 손잡이가 눈을 사로잡아요. 심플하게 만들고 싶다면 민무늬 또는 스트라이프 패브릭을 사용해도 돼요.

How to make – P44

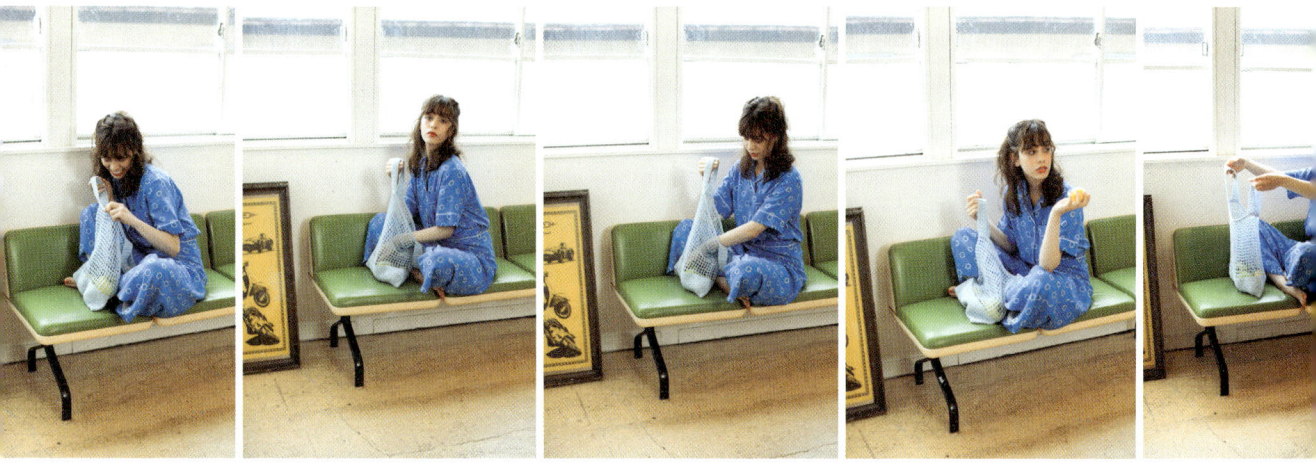

G

리넨 실로 뜬 네트 백

가방 안에 든 물건이 그대로 보이는 네트 백이에요. 한쪽 손잡이에 다른 한쪽 손잡이를 통과시키면 하나의 손잡이만 잡은 채로 들고 다닐 수도 있어요.

How to make – P46

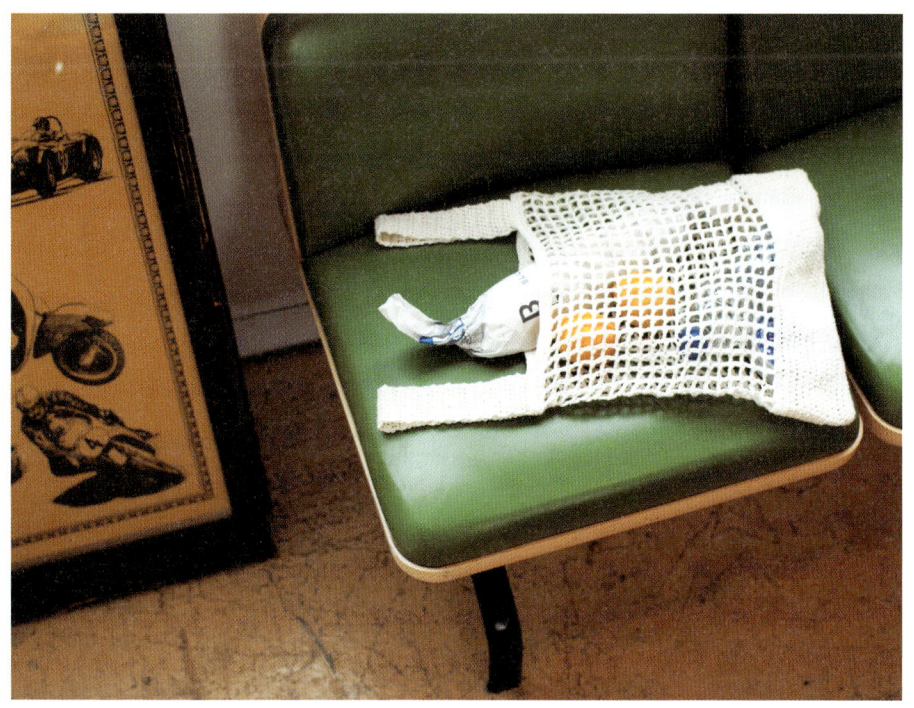

H

모노톤 마르셰 백

여름은 물론 가을에도 사용할 수 있는 시크한 매력을 지닌 가방이에요. 모노톤으로 만들어 편안하면서도 단정한 느낌을 줘요.

How to make – P48

I

무늬뜨기로 뜬 클러치 백

군더더기 없는 심플한 클러치 백으로 무늬뜨기의 아름다움이 고스란히 드러나요. 광택감이 있는 실을 사용해 시원하게 보인답니다.

How to make – P50

J

빅 토트백

기다란 모양이 멋스러운 빅 사이즈의 가방이에요. 부드럽고 자연스럽게 늘어지는 실을 사용해 가벼운 물건을 넣으면 내추럴한 분위기가 나요.

How to make – P52

K

패브릭 핸들 마르셰 백

가방 입구가 넓게 벌어지기 때문에 물건을 넣고 빼기 쉬워서 실용성이 뛰어나요. 매듭을 어떤 모양으로 만드는지에 따라 손잡이의 길이를 조정할 수 있답니다.

How to make – P54

L

별 자수 포셰트

빨간색 가방에 하늘색 별 모양 자수를 넣은 포셰트. 차분한 느낌의 가죽 스트랩 덕분에 크로스로 메도 부담스럽지 않아요.

How to make – P56

M

스퀘어 백

손잡이 부분에 검은색으로 포인트를 주면 시크한 가방으로 변신하죠. 가죽을 잘라 스탬프를 찍어 손잡이에 건 핸드메이드 태그가 가방을 더욱 특별하게 꾸며준답니다.

How to make – P58

N

물방울무늬 마르셰 백

베이식한 마르셰 백에 물방울무늬를 더해 만들었어요. 부담스럽게 보이지 않도록 차분한 색감을 사용했지요. 어떤 옷과도 잘 어울리는 가방이랍니다.

How to make – P60

o

스트라이프 조리개 백

네이비 컬러와 브라운 컬러의 조합은 클래식한 분위기를 강조해요. 실의 광택감이 더해져 한결 고급스럽게 보인답니다.

How to make – P62

P

컬러 토트백

바닥이나 의자 위에 놓았을 때는 심플한 그레이 컬러의 토트백이지만, 들어 올리면 컬러풀한 무늬가 나타나는 반전이 있는 가방이에요.

How to make – P64

Q

구슬뜨기로 뜬 심플 백

보기에도 포근한 느낌을 주는 이 가방은 부드러운 소재의 실을 사용했어요. 볼록볼록한 느낌을 내는 구슬뜨기 기법으로 만들었답니다.

How to make – P66

R

원 핸들 숄더백

세련된 모양이 눈에 띄는 가방이에요. 어깨에 메면 가방이 몸에 밀착되죠. 성숙하고 시크하게 보이고 싶을 때 들기 좋아요.

How to make – P68

S

무늬뜨기로 뜬 조리개 백

대바늘을 사용해 부드러운 실로 만든 조리개 백이에요. 형태가 잘 잡히도록 바닥면은 코바늘을 사용해 튼튼한 실로 만들었어요.

How to make – P70

T

스트라이프 토트백

스트라이프는 색을 어떻게 조합 하는지에 따라 전혀 다른 느낌을 낸답니다. 자신만의 센스를 발휘 해 만들어도 좋아요.

How to make – P72

knit bag
How to make

A 레더 핸들 탬버린 백

재료와 도구

- **실** 하마나카 에코안다리아 | 오프 화이트(168), 샌드 베이지(169) 각 130g,
  레몬 옐로(11), 블루(66) 각 10g
  하마나카 아마이토 리넨 30 | 라임 그린(106) 조금
- **기타** 폭 2.8cm의 가죽 스트랩 88cm
- **바늘** 8/0호 코바늘, 돗바늘, 손바느질 바늘
- **게이지** 무늬뜨기 12.5코·10단(가로·세로 10cm)

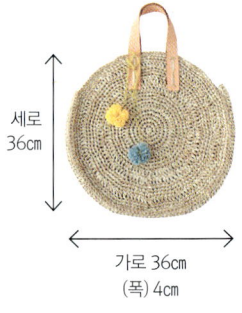

세로 36cm
가로 36cm (폭) 4cm

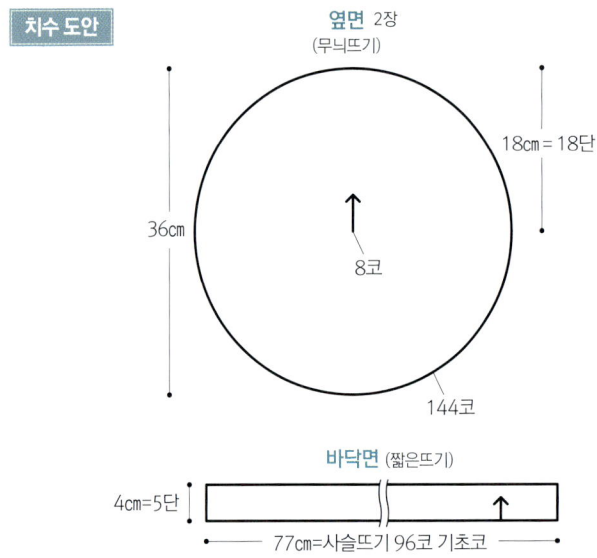

치수 도안

옆면 2장 (무늬뜨기)
18cm = 18단
36cm
8코
144코

바닥면 (짧은뜨기)
4cm=5단
77cm=사슬뜨기 96코 기초코

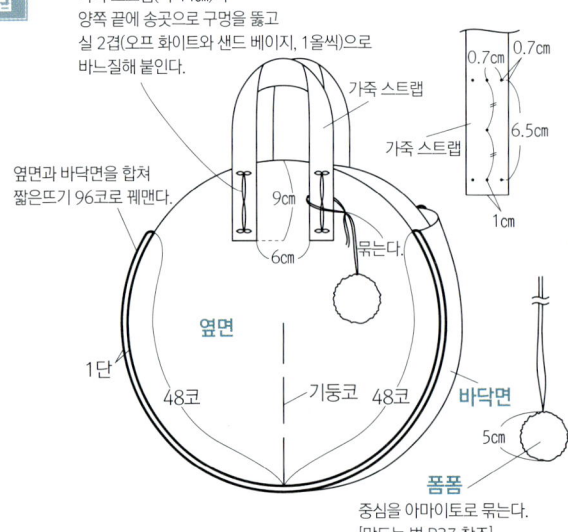

조립 방법

가죽 스트랩(각 44cm)의 양쪽 끝에 송곳으로 구멍을 뚫고 실 2겹(오프 화이트와 샌드 베이지, 1올씩)으로 바느질해 붙인다.

가죽 스트랩
0.7cm 0.7cm
6.5cm
1cm

옆면과 바닥면을 합쳐 짧은뜨기 96코로 꿰맨다.

9cm
6cm
묶는다
옆면
1단
48코 기둥코 48코
바닥면
5cm
품품
중심을 아마이토로 묶는다.
[만드는 법 P37 참조]

만드는 법

실은 하마나카 에코안다리아 2겹(오프 화이트, 샌드 베이지를 1올씩 합친 것)으로 뜹니다.

1. 옆면을 뜹니다. 원형뜨기 시작코를 잡아 기둥코 1코와 짧은뜨기 8코를 떠서 원형뜨기를 시작합니다. 뜨개 도안대로 코를 늘리면서 18단까지 무늬뜨기를 뜹니다. 같은 것을 2장 뜹니다.
2. 이어서 바닥면을 뜹니다. 사슬뜨기로 96코 기초코를 만들고 짧은뜨기를 왕복해 5단을 뜹니다.
3. 옆면과 바닥면을 짧은뜨기로 연결합니다.
4. 가죽 스트랩을 옆면에 바느질해 붙입니다.
5. 품품을 만들어 손잡이에 답니다.

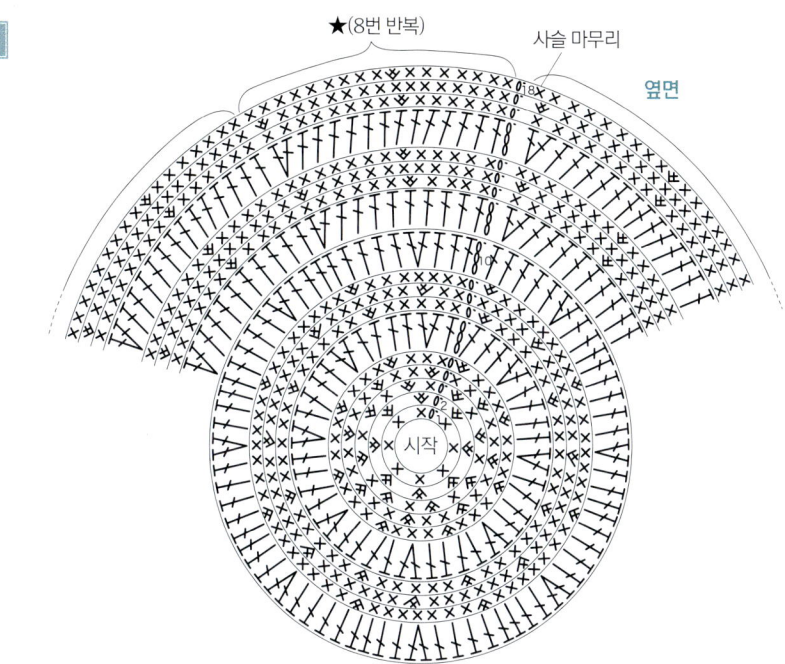

*한길긴뜨기의 기둥코는 콧수에 포함되지 않는다.

옆면의 콧수표

단	코	늘리는 방법
18	144	
17	136	
16	128	
15	120	
14	112	
13	104	
12	96	
11	88	각 단을 8코씩 늘리기
10	80	
9	72	
8	64	
7	56	
6	48	
5	40	
4	32	
3	24	
2	16	
1	8	

B 폼폼 클러치 백

재료와 도구

- **실** 하마나카 에코안다리아 | 베이지(23) 200g, 네이비(57) 20g, 손바느질 실
- **기타** 안감용 천 32·44cm, 길이 30cm의 지퍼 1줄
- **바늘** 10/0호 코바늘, 돗바늘, 손바느질 바늘
- **게이지** 짧은뜨기 11.5코·11.5단(가로·세로 10cm)

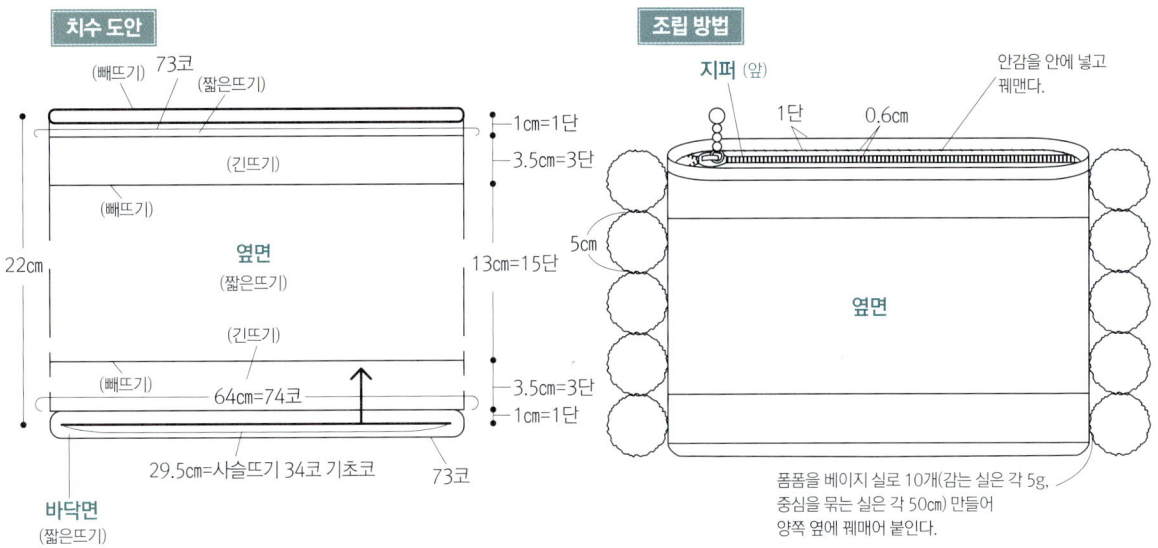

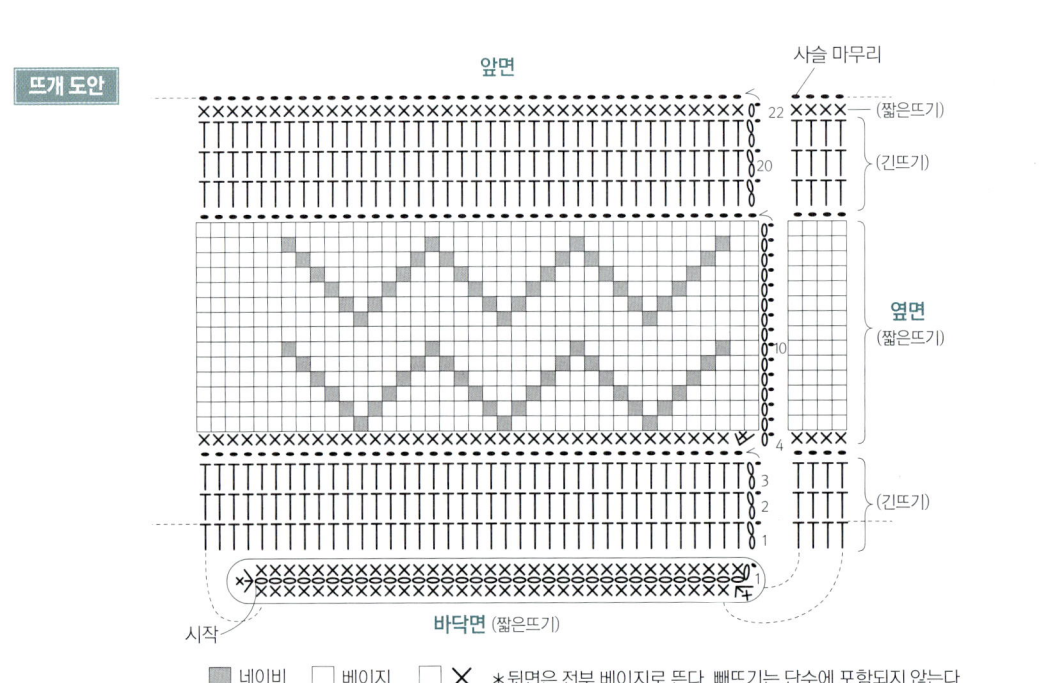

■ 네이비 □ 베이지 × *뒷면은 전부 베이지로 뜬다. 빼뜨기는 단수에 포함되지 않는다.

만드는 법 실은 2겹, 지정한 배색으로 뜹니다.

1. 바닥면부터 뜹니다. 뜨개 도안대로 사슬뜨기로 34코 기초코를 만들고 짧은뜨기로 바닥을 뜹니다.
2. 이어서 옆면을 뜹니다. 뜨개 도안대로 실을 배색하며 22단을 뜨고 마지막에 빼뜨기를 뜹니다.
3. 안감과 폼폼을 만들어 붙입니다.

안감 만드는 법

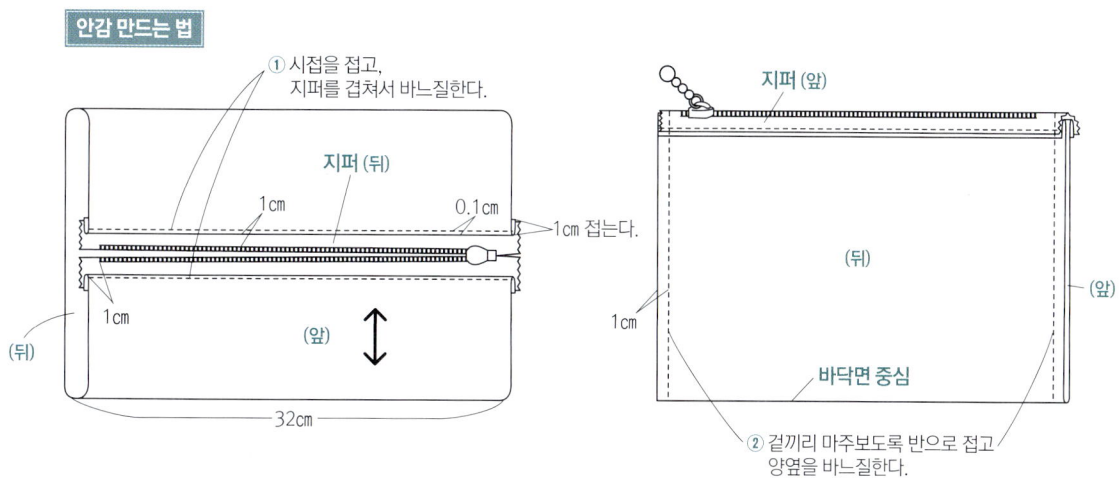

폼폼 만드는 법

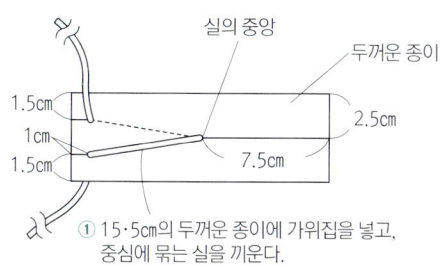
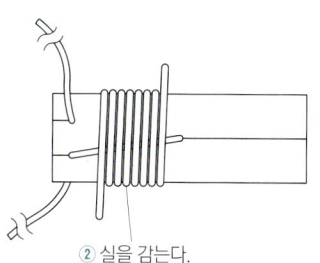

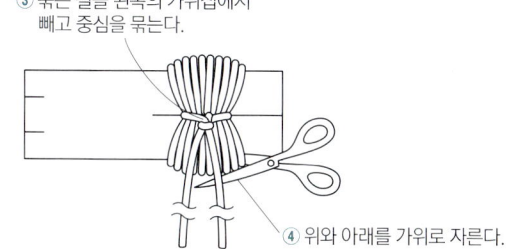
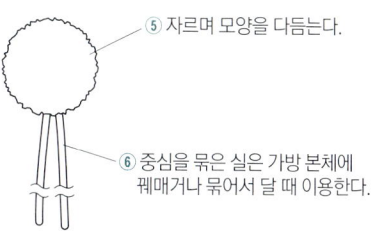

C 주트사로 뜬 마르셰 백

재료와 도구

- **실** 하마나카 코마코마 | 베이지(2) 320g, 머스터드 옐로(3) 20g
- **바늘** 8/0호 코바늘, 돗바늘
- **게이지** 짧은뜨기 13코·13.5단(가로·세로 10cm)

가로(입구) 34.5cm
세로 26cm

치수 도안

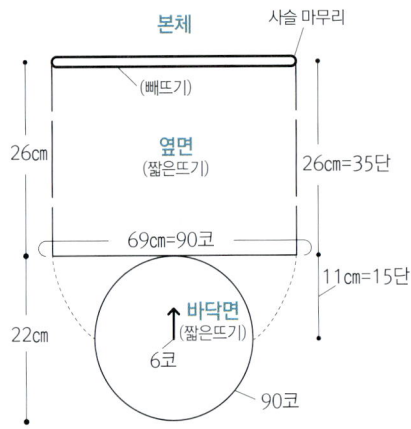

본체
사슬 마무리
(빼뜨기)
옆면 (짧은뜨기)
26cm
26cm=35단
69cm=90코
11cm=15단
22cm
바닥면 (짧은뜨기)
6코
90코

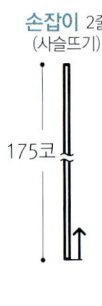

손잡이 2줄 (사슬뜨기)
175코

뜨개 도안

바닥면

단	코	늘리는 방법
15	90	
14	84	
13	78	
12	72	
11	66	
10	60	
9	54	각 단을 6코씩 늘리기
8	48	
7	42	
6	36	
5	30	
4	24	
3	18	
2	12	
1	6	

바닥면의 콧수표

만드는 법 실은 하마나카 코마코마 베이지 1겹으로 뜹니다.

1. 본체를 바닥면에서부터 뜹니다. 원형뜨기 시작코를 잡아 기둥코 1코와 짧은뜨기 6코를 떠서 원형뜨기를 시작합니다. 뜨개 도안대로 코를 늘리면서 15단까지 짧은뜨기를 뜹니다.
2. 이어서 옆면을 뜹니다. 코의 증감 없이 짧은뜨기를 35단 뜬 다음 뜨개 도안대로 빼뜨기를 뜹니다.
3. 손잡이를 만듭니다.

손잡이 만드는 법

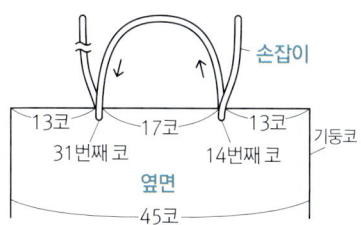

① 실(베이지)을 옆면의 35단에 끼운다.

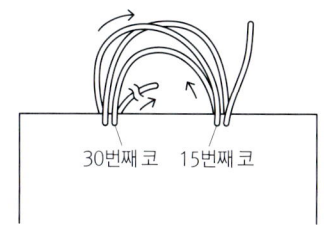

② 이어서 옆에 있는 코로 통과시킨다.

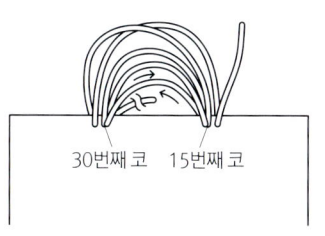

③ 다시 같은 위치로 통과시킨다.

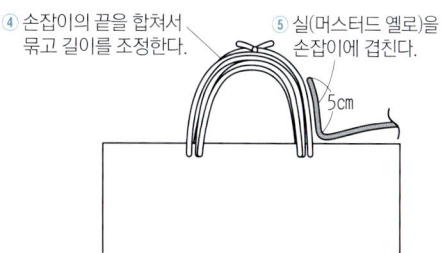

④ 손잡이의 끝을 합쳐서 묶고 길이를 조정한다.
⑤ 실(머스터드 옐로)을 손잡이에 겹친다.

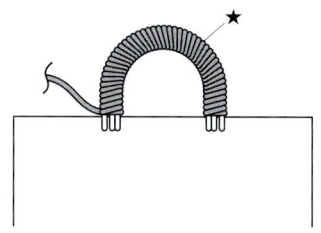

⑥ 틈이 생기지 않도록 ⑤의 실을 촘촘히 감는다.
⑦ 실을 15cm 남기고 자른 뒤 돗바늘에 꿰어 ★에 3cm 통과시킨 다음 여분을 자른다.

패널 토트백

재료와 도구

- 실: 하마나카 아마이토 리넨 30 | 블루(108) 250g, 라임 그린(106) 60g, 라이트 그레이(103), 네이비(109) 각 50g
- 바늘: 7/0호 코바늘, 돗바늘
- 게이지: 짧은뜨기 17코·17단(가로·세로 10cm)

세로 24cm
가로 28cm
(폭) 10.5cm

치수 도안

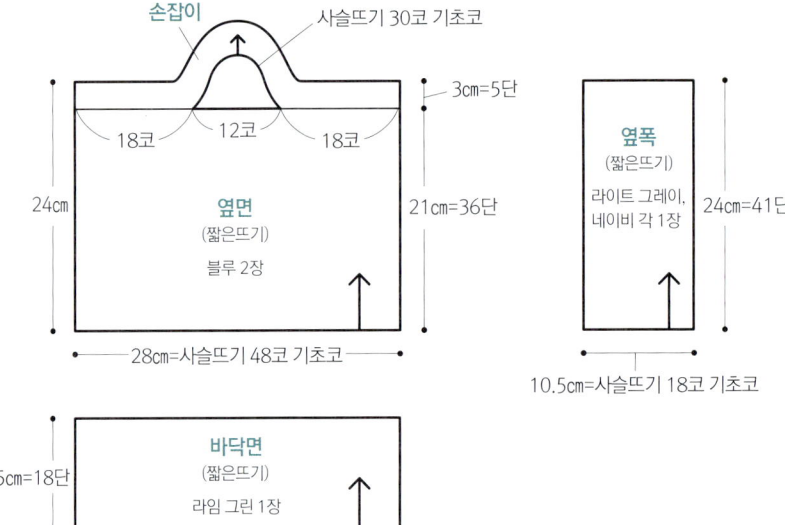

손잡이 — 사슬뜨기 30코 기초코
3cm=5단
18코 12코 18코
24cm 옆면 (짧은뜨기) 블루 2장 21cm=36단
28cm=사슬뜨기 48코 기초코

옆폭 (짧은뜨기) 라이트 그레이, 네이비 각 1장 24cm=41단
10.5cm=사슬뜨기 18코 기초코

10.5cm=18단 바닥면 (짧은뜨기) 라임 그린 1장
28cm=사슬뜨기 48코 기초코

조립 방법

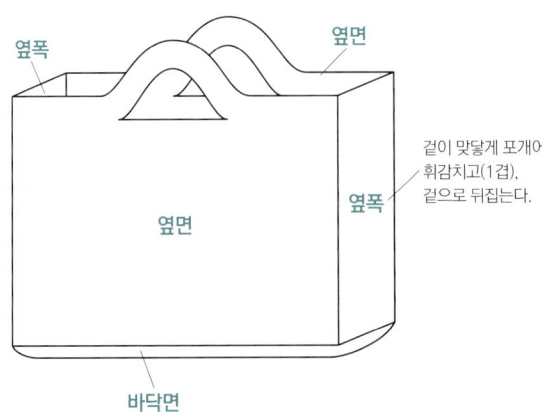

옆폭 옆면
옆면 옆폭
겉이 맞닿게 포개어 휘감치고(1겹), 겉으로 뒤집는다.
바닥면

만드는 법 실은 2겹, 지정한 배색으로 뜹니다.

1. 옆면을 뜹니다. 사슬뜨기로 48코 기초코를 만들고 짧은뜨기로 36단을 뜹니다. 37단은 손잡이 위치에 사슬뜨기로 30코 기초코를 만들고 41단까지 뜹니다. 같은 것을 2장 뜹니다.
2. 옆폭, 바닥면은 각각 사슬뜨기로 기초코를 만들고 짧은뜨기를 뜹니다.
3. 각 면을 꿰매어 연결합니다.

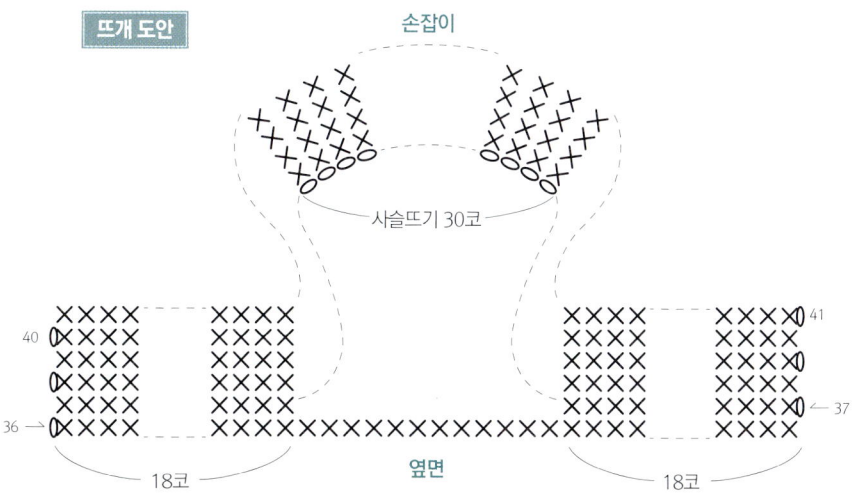

E

두 가지 실로 뜬 마르셰 백

재료와 도구

실	하마나카 에코안다리아	베이지(23) 100g(m), 80g(s)
	하마나카 플랙스C	블루(111) 60g(m), 레드(103) 55g(s)
바늘	8/0호 코바늘, 돗바늘
게이지	짧은뜨기 14.5코·15.5단(가로·세로 10cm)

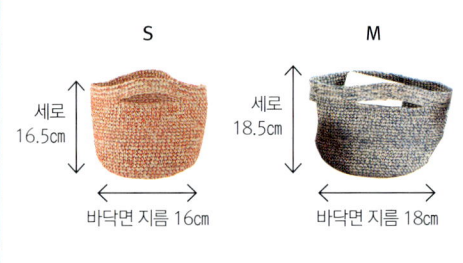

S
세로 16.5cm
바닥면 지름 16cm

M
세로 18.5cm
바닥면 지름 18cm

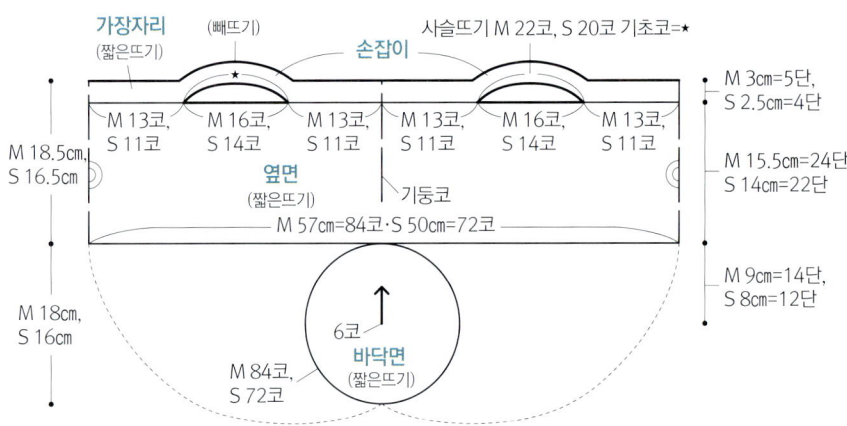

치수 도안

가장자리 (짧은뜨기)
(빼뜨기)
손잡이
사슬뜨기 M 22코, S 20코 기초코=★

M 13코, S 11코 | M 16코, S 14코 | M 13코, S 11코 | M 13코, S 11코 | M 16코, S 14코 | M 13코, S 11코

옆면 (짧은뜨기)
기둥코

M 57cm=84코·S 50cm=72코

M 18.5cm, S 16.5cm

M 3cm=5단, S 2.5cm=4단
M 15.5cm=24단, S 14cm=22단
M 9cm=14단, S 8cm=12단

M 18cm, S 16cm

6코
바닥면 (짧은뜨기)
M 84코, S 72코

만드는 법 실은 2겹(에코 안다리아와 플랙스C 각 1올씩 합친 것)으로 뜹니다.

1. 본체를 바닥면에서부터 뜹니다. 원형뜨기 시작코를 잡아 기둥코 1코와 짧은뜨기 6코를 떠서 원형뜨기를 시작합니다. 뜨개 도안대로 코를 늘리면서 짧은뜨기를 뜹니다.
2. 옆면을 코의 증감 없이 뜹니다.
3. 가장자리와 손잡이를 뜹니다. 손잡이는 1단에 사슬뜨기로 기초코를 만들고, 2단 이후는 코를 주워서 뜹니다. 뜨개 도안대로 빼뜨기를 뜹니다.

뜨개 도안 (M)

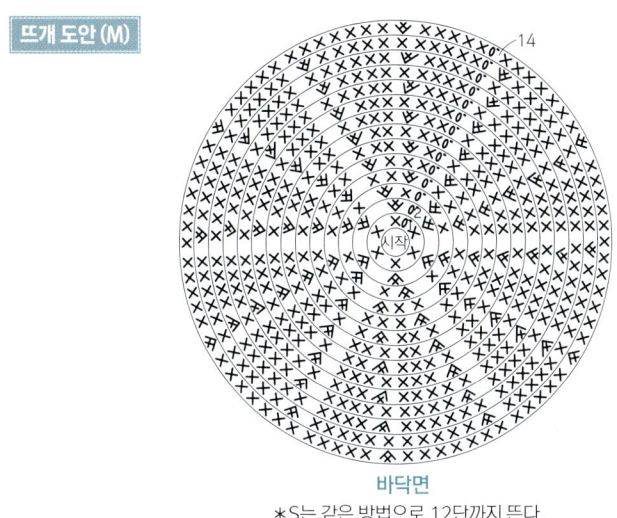

바닥면
*S는 같은 방법으로 12단까지 뜬다.

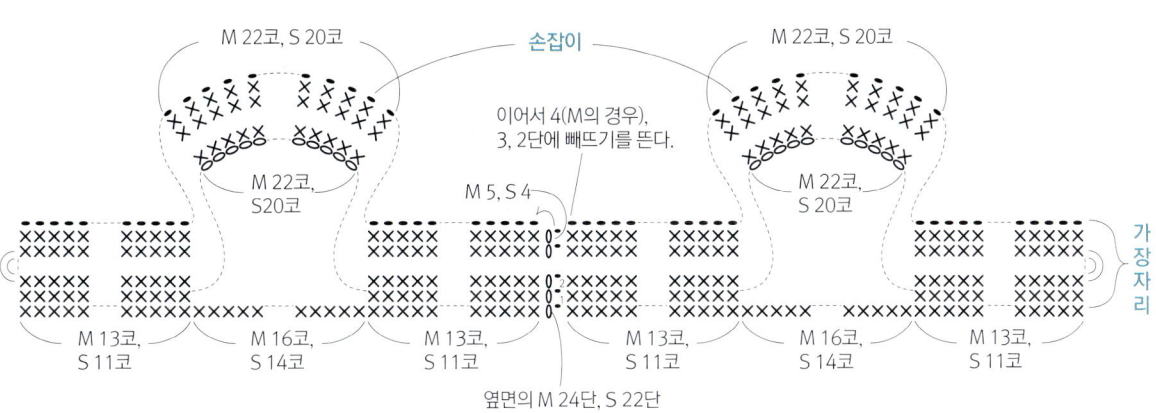

가장자리 빼뜨기 뜨는 법

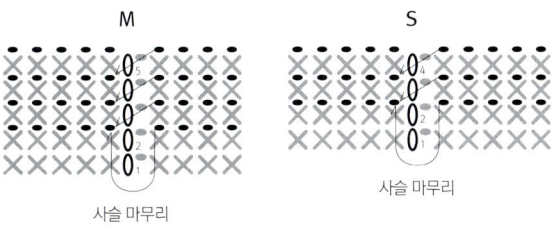

바닥면의 콧수표

단	코	늘리는 방법
14	84	
13	78	
12	72	
11	66	
10	60	
9	54	각 단을 6코씩 늘리기
8	48	
7	42	
6	36	
5	30	
4	24	
3	18	
2	12	
1	6	

*S는 12단까지 뜬다.

F 패브릭 핸들 원형 백

재료와 도구

- **실** 하마나카 코마코마 | 베이지(2) 또는 머스터드 옐로(3) 220g
  손바느질 실
- **기타** 손수건 50·50cm(또는 스카프, 반다나 등) 1장
- **바늘** 8/0호 코바늘, 돗바늘, 손바느질 바늘
- **게이지** 짧은뜨기 15.5코·16단(가로·세로 10cm)

세로 17.5cm
바닥면 지름 15cm

치수 도안

(빼뜨기)
50cm=78코
2.5cm=4단
옆면
(짧은뜨기)
17.5cm
11cm=18단
58cm=90코
47cm=72코
4cm=6단
7.5cm=12단
15cm
바닥면
(짧은뜨기)
6코
72코

조립 방법

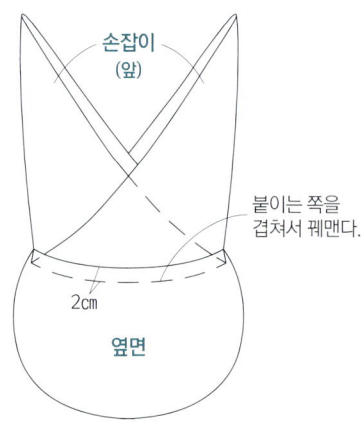

손잡이 (앞)
붙이는 쪽을 겹쳐서 꿰맨다.
2cm
옆면

만드는 법 실은 1겹으로 뜹니다.

1. 바닥면을 뜹니다. 원형뜨기 시작코를 잡아 기둥코 1코와 짧은뜨기 6코를 떠서 원형뜨기를 시작합니다. 뜨개 도안대로 코를 늘리면서 12단까지 짧은뜨기를 뜹니다.
2. 이어서 옆면을 뜹니다. 코를 늘리면서 6단, 코의 증감 없이 18단, 코를 줄이면서 4단을 뜨고, 마지막으로 빼뜨기를 한 바퀴 뜹니다.
3. 손잡이를 만듭니다.

뜨개 도안

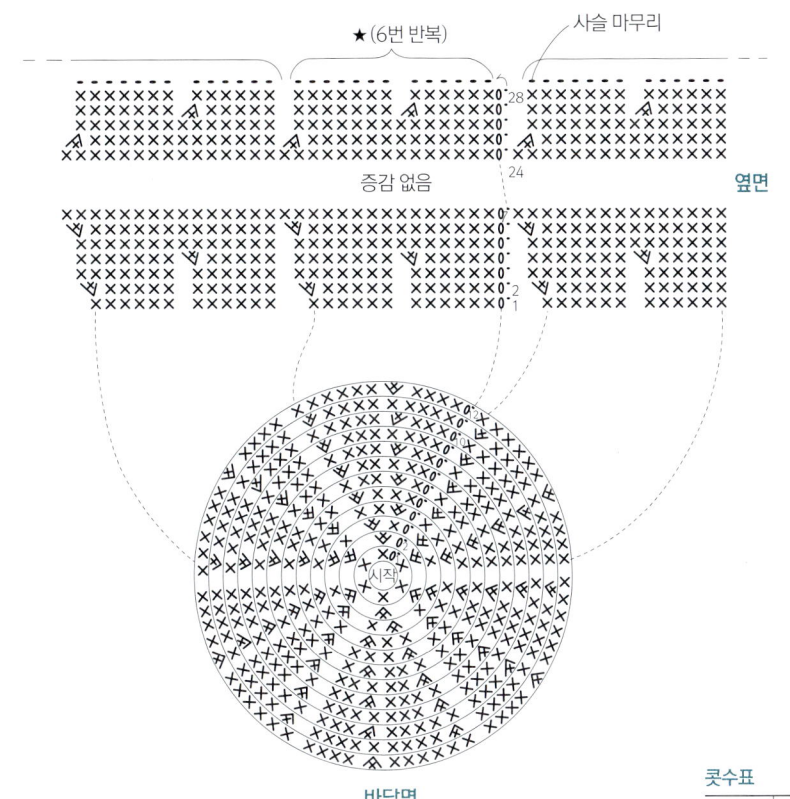

★ (6번 반복)
사슬 마무리
증감 없음
옆면
바닥면

손잡이 만드는 법

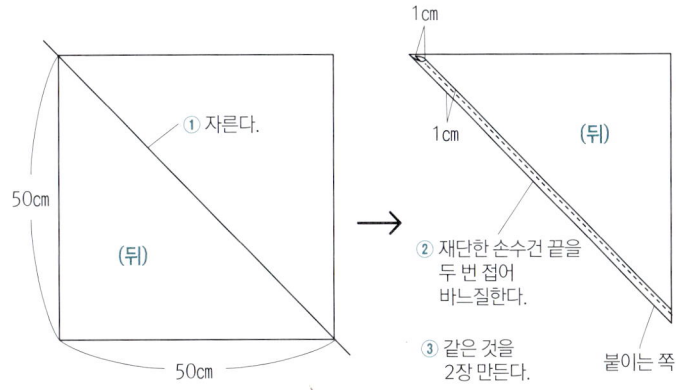

① 자른다.
② 재단한 손수건 끝을 두 번 접어 바느질한다.
③ 같은 것을 2장 만든다.
(뒤) 50cm 50cm 1cm 붙이는 쪽

콧수표

	단	코	증감하는 법
옆면	28	78	증감 없음
	27		6코 줄이기
	26	84	증감 없음
	25		6코 줄이기
	7~24	90	증감 없음
	6		6코 늘리기
	5	84	증감 없음
	4		6코 늘리기
	3	78	증감 없음
	2		6코 늘리기
	1	72	증감 없음
바닥면	12	72	각 단을 6코씩 늘리기
	11	66	
	10	60	
	9	54	
	8	48	
	7	42	
	6	36	
	5	30	
	4	24	
	3	18	
	2	12	
	1	6	

G 리넨 실로 뜬 네트 백

재료와 도구

- **실** 하마나카 아마이토 리넨 30 | 화이트(101) 또는 페일 블루(104) 150g
- **바늘** 5/0호 코바늘, 돗바늘
- **게이지** 무늬뜨기 22코·9.5단(가로·세로 10cm)

세로 32cm
가로 29.5cm

치수 도안

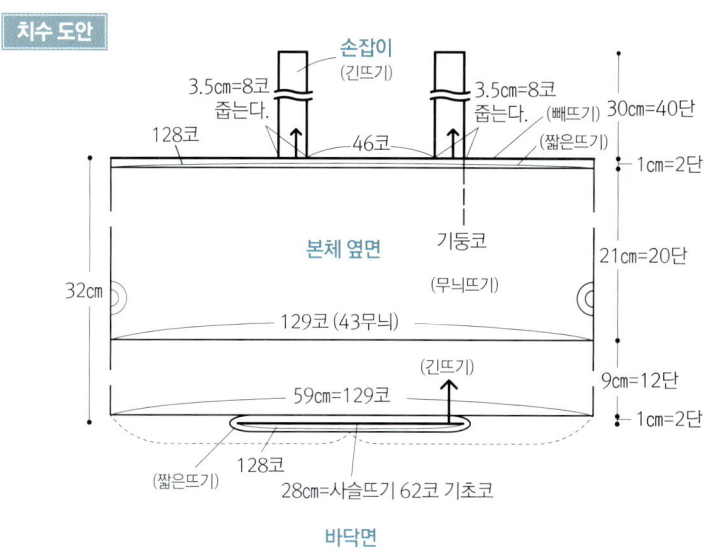

조립 방법

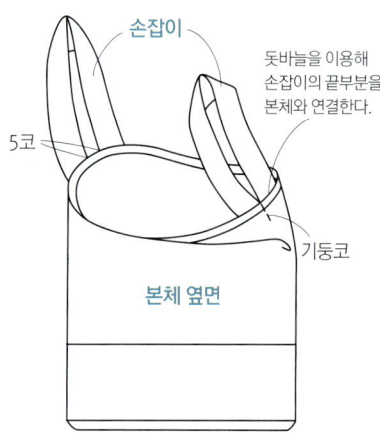

만드는 법

실은 1겹으로 뜹니다.

1. 본체를 바닥면에서부터 뜹니다. 사슬뜨기로 62코 기초코를 만들고 뜨개 도안대로 2단까지 바닥을 뜹니다.
2. 이어서 옆면을 뜹니다. 긴뜨기를 12단, 무늬뜨기를 20단, 짧은뜨기를 2단 뜹니다. 마지막에 빼뜨기를 뜹니다.
3. 손잡이를 뜹니다. 옆면에 새로 실을 연결하고 8코를 주워 왕복뜨기로 긴뜨기를 40단 뜹니다. 뜨개 끝부분의 실은 20cm 남기고 자르고, 그 실을 사용하여 입구 쪽의 지정한 위치에 돗바늘로 연결합니다.
4. 다른 한쪽의 손잡이를 뜹니다. 과정 3과 같은 방법으로 뜨는데 이때 손잡이 사이에 5코 간격을 띄워서 연결합니다.

뜨개 도안

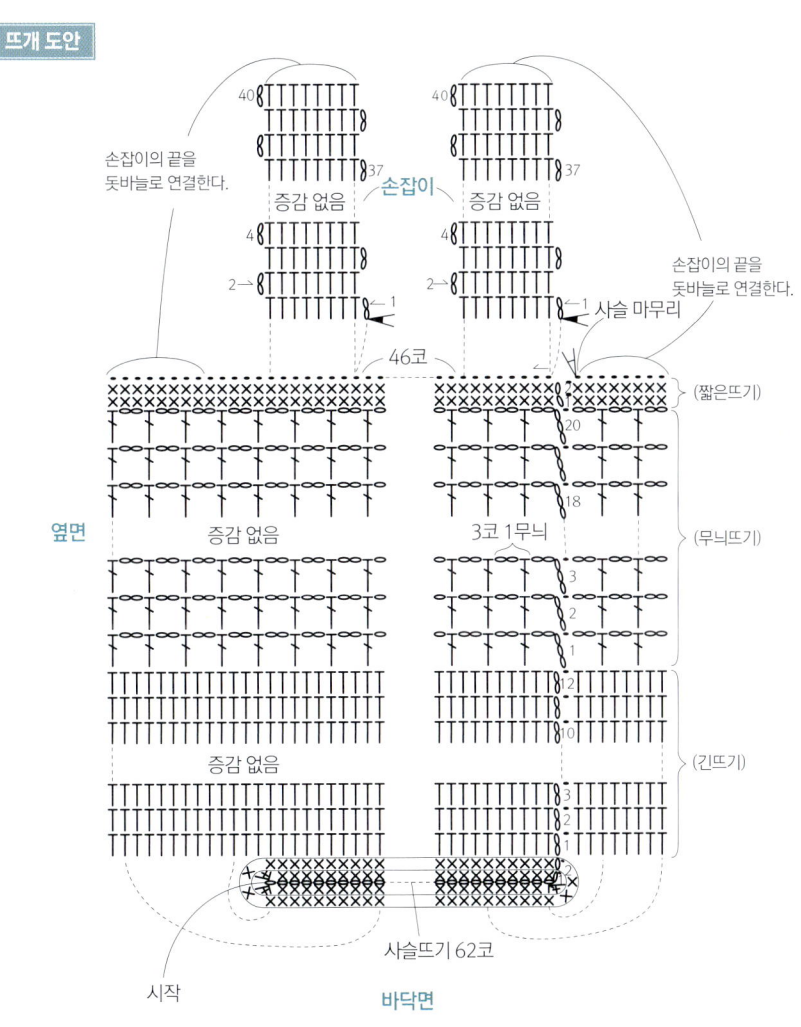

✎ 실을 자름　✎ 실을 연결

＊손잡이의 기둥코는 콧수에 포함되지 않는다.

H 모노톤 마르셰 백

재료와 도구

실 하마나카 코마코마 | 블랙(12) 230g, 오프 화이트(1) 150g
바늘 8/0호 코바늘, 돗바늘
게이지 짧은뜨기의 배색무늬 13.5코·14.5단(가로·세로 10cm)

세로 20cm
바닥면 지름 25cm

치수 도안

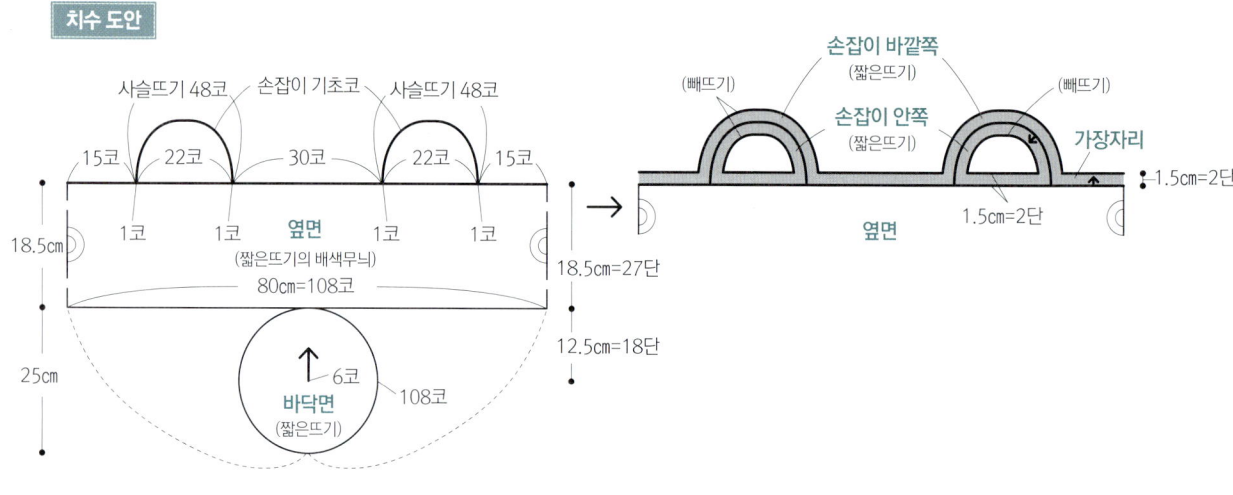

뜨개 도안

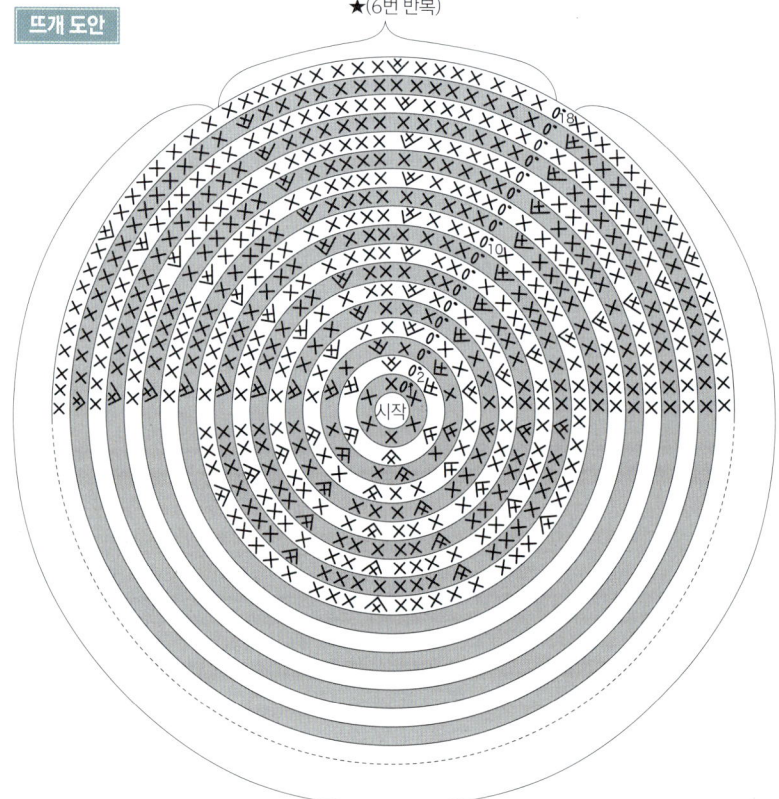

바닥면

바닥면의 콧수표		
단	코	늘리는 방법
18	108	
17	102	
16	96	
15	90	
14	84	
13	78	
12	72	
11	66	각 단을 6코씩 늘리기
10	60	
9	54	
8	48	
7	42	
6	36	
5	30	
4	24	
3	18	
2	12	
1	6	

만드는 법 실은 1겹, 지정한 배색으로 뜹니다.

1. 본체를 바닥면에서부터 뜹니다. 원형뜨기 시작코를 잡아 기둥코 1코와 짧은뜨기 6코를 떠서 원형뜨기를 시작합니다. 매 단마다 색깔을 바꾸며 뜨개 도안대로 코를 늘리면서 18단까지 짧은뜨기를 뜹니다.
2. 이어서 옆면을 뜹니다. 실을 배색하며 짧은뜨기를 27단 뜹니다.
3. 손잡이의 기초코를 뜹니다. 옆면에 새로 실을 연결하여 사슬뜨기를 48코 뜨고, 지정한 위치에 빼뜨기합니다.
4. 손잡이 안쪽을 뜹니다. 기초코에서 뜨개 도안대로 코를 줍습니다. 코를 줄이는 부분에 유의해 짧은뜨기를 2단 원형뜨기로 뜨고 빼뜨기를 한 바퀴 뜹니다.
5. 다른 한쪽의 손잡이 안쪽을 과정 3~4와 같은 방법으로 뜹니다.
6. 가장자리와 손잡이 바깥쪽을 뜹니다. 과정 2의 실로 코를 줄이는 부분에 유의해 짧은뜨기를 2단 원형뜨기로 뜹니다. 뜨개 도안대로 빼뜨기를 뜹니다.

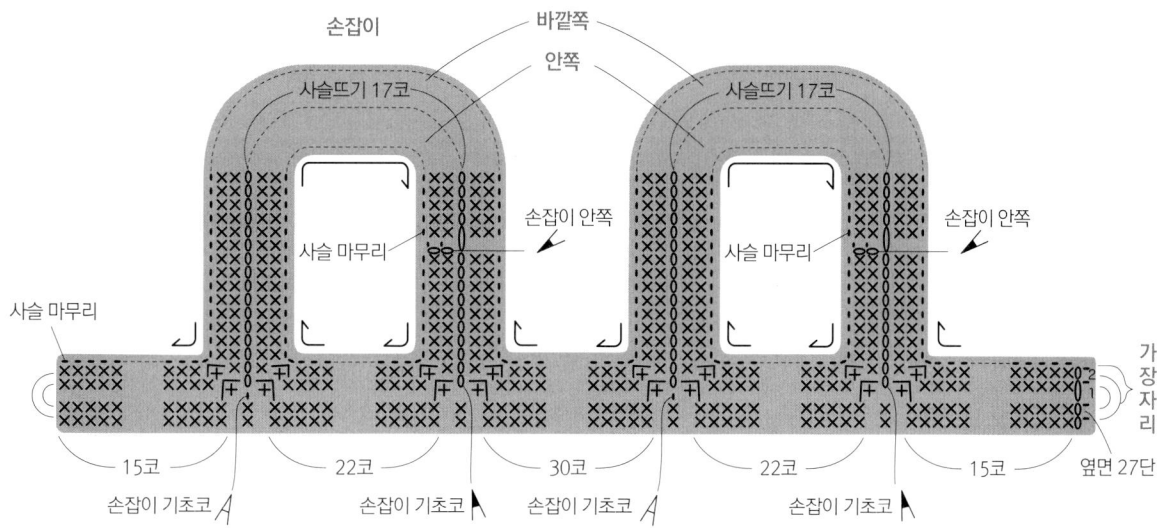

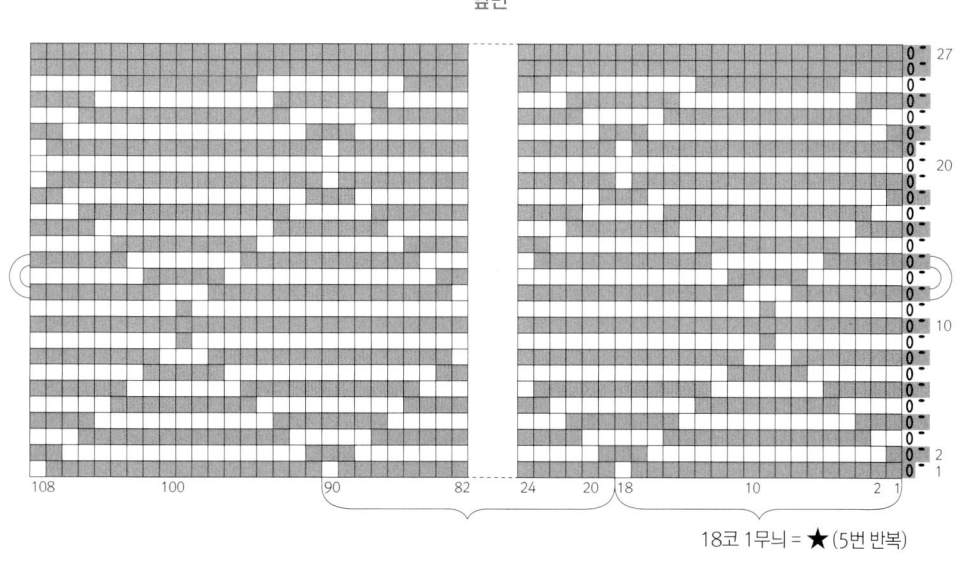

옆면

18코 1무늬 = ★ (5번 반복)

☐ 오프 화이트   ■ 블랙   ☐ ✕   ✁ 뜨개 끝, 실을 자름   ✁ 뜨개 시작, 실을 연결

I 무늬뜨기로 뜬 클러치 백

재료와 도구

- **실** 하마나카 에코안다리아 | 블루(66) 220g, 손바느질 실
- **기타** 안감용 천 32·43cm, 길이 30cm의 지퍼 1줄
- **바늘** 10/0호, 7/0호 코바늘, 돗바늘, 손바느질 바늘
- **게이지** 무늬뜨기 3.2무늬(15.5코)·5.6단(가로·세로 10cm)

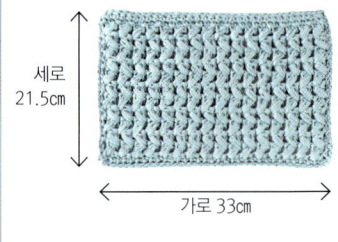

세로 21.5cm
가로 33cm

치수 도안

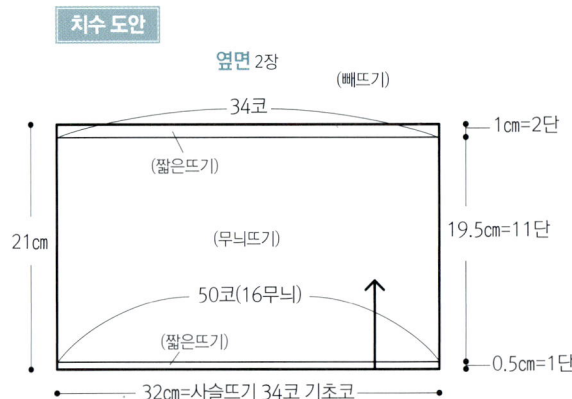

조립 방법

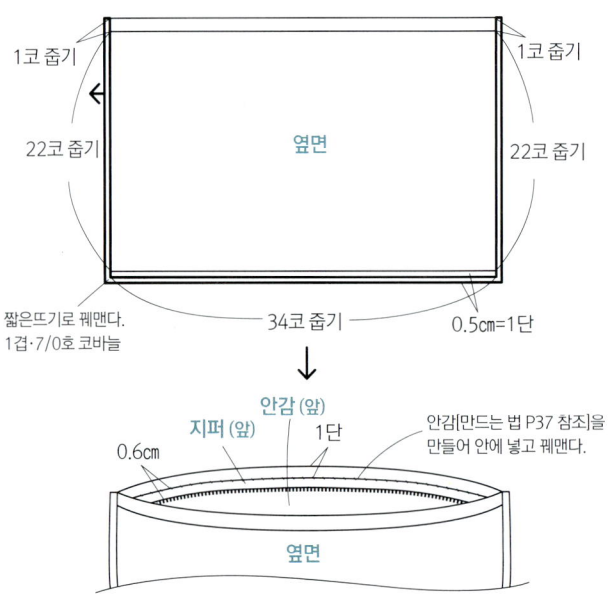

만드는 법 실은 따로 기재되어 있지 않은 부분은 2겹, 10/0호 코바늘로 뜹니다.

1. 옆면을 바닥에서부터 뜹니다. 사슬뜨기로 34코 기초코를 떠서 짧은뜨기, 무늬뜨기, 짧은뜨기의 순으로 뜨고, 뜨개 도안대로 빼뜨기를 뜹니다. 같은 것을 2장 뜹니다.
2. 옆면 2장을 안끼리 마주보도록 포갠 후, 양옆과 바닥면을 짧은뜨기를 함께 떠서 연결합니다.
3. 안감을 만들어 붙입니다.

뜨개 도안

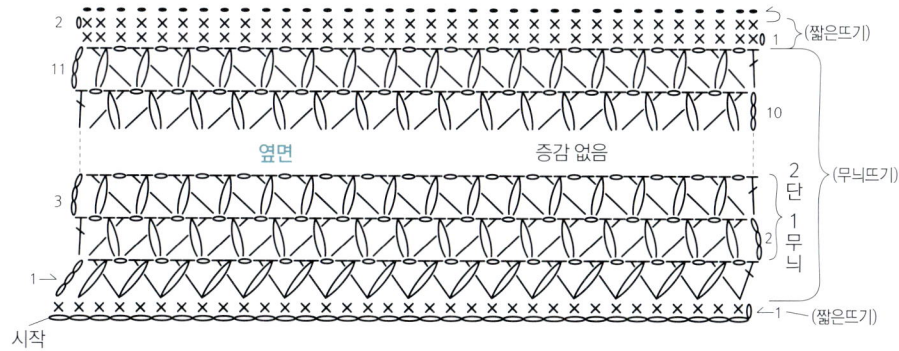

무늬뜨기 뜨는 법

한길긴뜨기 1코를 뜨고, 긴뜨기 3코 구슬뜨기를 뜬다.
(한길긴뜨기는 구슬뜨기 속에 감싸진 상태가 된다. 2단 이후는 전 단의 사슬코 아래에 바늘을 넣어 감싸면서 뜬다.)

J 빅 토트백

재료와 도구

- **실** 하마나카 에코안다리아 | 모스 그린(61) 430g
- **기타** 지름 1.5mm의 가죽 끈 1m
- **바늘** 10/0호 코바늘, 돗바늘
- **게이지** 짧은뜨기 13코·14단(가로·세로 10cm)

가로(입구) 54.5cm
세로 25cm
가로(바닥면) 40.5cm
(폭) 14cm

치수 도안

본체

25cm
14cm
25cm=35단
(빼뜨기)
옆면 (짧은뜨기)
109cm=142코
바닥면 (짧은뜨기)
70코
26.5cm=사슬뜨기 34코 기초코
142코
7cm=10단
40.5cm

손잡이 2장

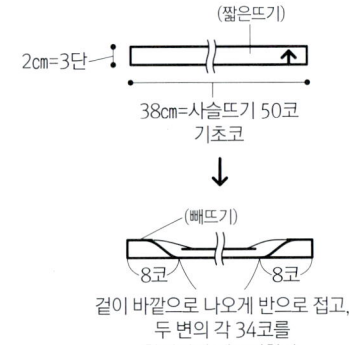

2cm=3단
(짧은뜨기)
38cm=사슬뜨기 50코 기초코

(빼뜨기)
8코 8코

겉이 바깥으로 나오게 반으로 접고, 두 변의 각 34코를 한꺼번에 빼뜨기한다.

조립 방법

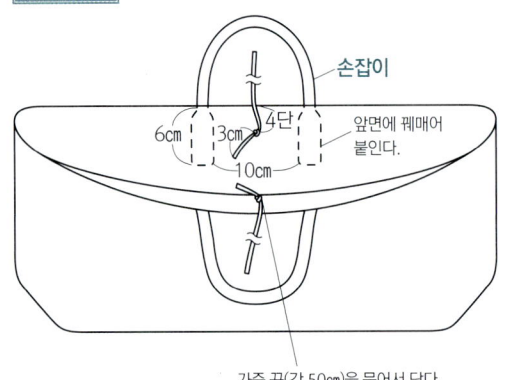

손잡이
6cm 3cm 4단
10cm
앞면에 꿰매어 붙인다.

가죽 끈(각 50cm)을 묶어서 단다.

만드는 법

실은 2겹으로 뜹니다.

1. 본체를 바닥면에서부터 뜹니다. 사슬뜨기로 34코 기초코를 만들고, 짧은뜨기를 뜨개 도안대로 10단 뜹니다.
2. 이어서 옆면을 뜹니다. 짧은뜨기로 35단 뜨고 뜨개 도안대로 빼뜨기를 2바퀴 뜹니다.
3. 손잡이를 뜹니다. 사슬뜨기로 50코 기초코를 만들고, 짧은뜨기를 3단을 뜹니다. 빼뜨기를 한 바퀴 뜨는데, 가운데는 안이 마주보도록 반으로 접은 후 두 변의 각 34코를 한꺼번에 바늘을 넣어 빼뜨기를 합니다. 이때 양쪽은 8코씩 남깁니다.
4. 가죽 끈을 답니다.

뜨개 도안

바닥면

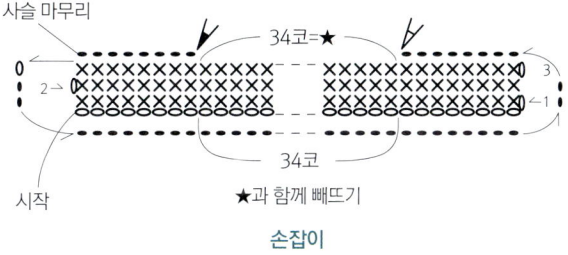

손잡이

가장자리 빼뜨기 뜨는 법

사슬 마무리

바닥면의 콧수표

단	코	늘리는 방법
10	142	
9	134	
8	126	
7	118	각 단을 8코씩 늘리기
6	110	
5	102	
4	94	
3	86	
2	78	
1	70	

K 패브릭 핸들 마르셰 백

재료와 도구

실	하마나카 코마코마	베이지(2) 240g, 손바느질 실
기타	손잡이용 리넨 천 48·80cm
바늘	8/0호 코바늘, 돗바늘, 손바느질 바늘
게이지	짧은뜨기 15.5코·16단(가로·세로 10cm)

가로(입구) 37cm
세로 21cm

치수 도안

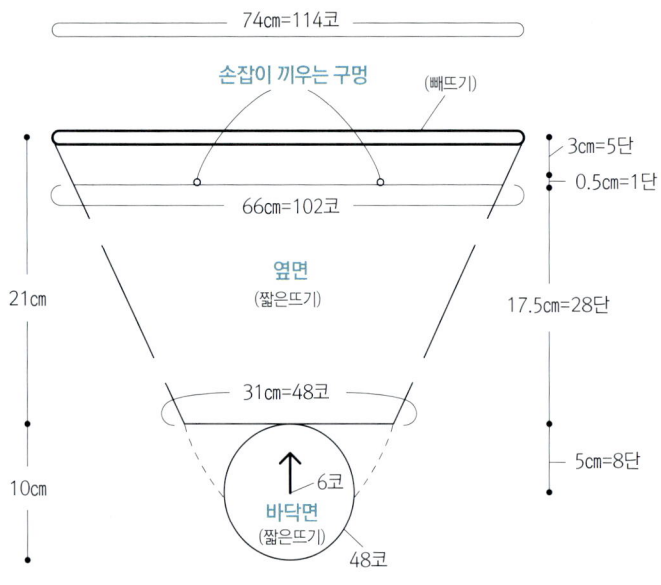

손잡이 만드는 법

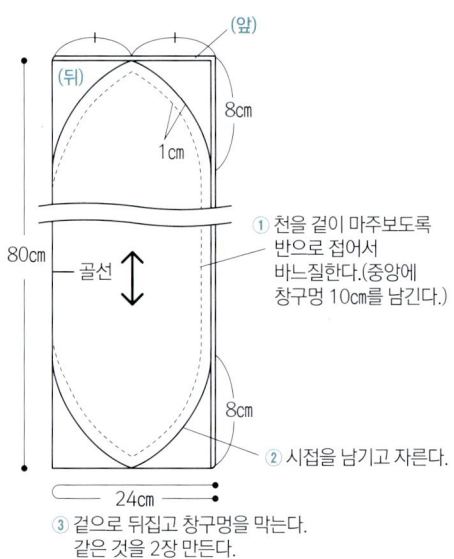

① 천을 겉이 마주보도록 반으로 접어서 바느질한다.(중앙에 창구멍 10cm를 남긴다.)
② 시접을 남기고 자른다.
③ 겉으로 뒤집고 창구멍을 막는다. 같은 것을 2장 만든다.

조립 방법

만드는 법 실은 1겹으로 뜹니다.

1. 바닥면에서부터 뜹니다. 원형뜨기로 시작코를 잡아 기둥코 1코와 짧은뜨기 6코를 떠서 원형뜨기를 시작합니다. 코를 늘리면서 8단까지 뜹니다.
2. 이어서 옆면을 뜹니다. 코를 늘리면서 34단까지 뜨는데, 29단에서 손잡이 끼우는 구멍을 만듭니다. 뜨개 도안대로 빼뜨기를 뜹니다.
3. 손잡이를 2장 만들고, 손잡이 끼우는 구멍에 통과시켜 묶습니다.

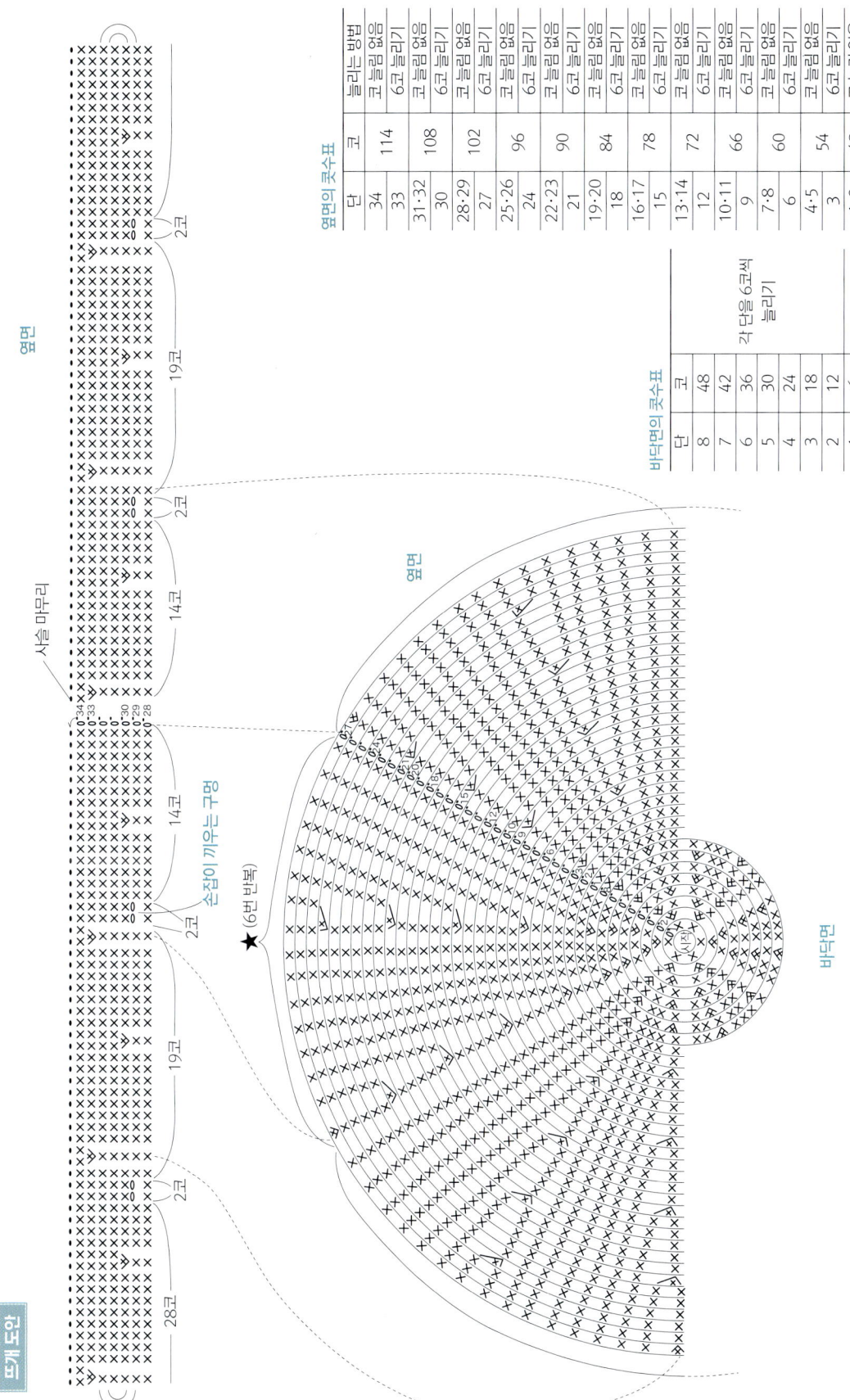

L 별 자수 포셰트

재료와 도구

실 하마나카 에코안다리아 | 레드(7) 120g, 페일 블루(41) 10g
기타 폭 2cm의 가죽 스트랩 1.2m
바늘 6/0호 코바늘, 돗바늘, 손바느질 바늘
게이지 짧은뜨기 21코·21.5단(가로·세로 10cm)

세로 21.5cm
바닥면 지름 13cm

만드는 법

실은 레드 1겹으로 뜹니다.

1. 바닥면에서부터 뜹니다. 원형뜨기로 시작코를 잡아 기둥코 1코와 짧은뜨기 6코를 떠서 원형 뜨기를 시작합니다. 뜨개 도안대로 코를 늘리면서 짧은뜨기를 14단까지 뜹니다.
2. 이어서 옆면을 뜹니다. 짧은뜨기를 코를 늘리면서 20단, 증감 없이 9단, 코를 줄이면서 17단을 뜹니다. 마지막에 빼뜨기를 뜹니다.
3. 자수를 놓고 가죽 스트랩을 붙입니다.

치수 도안

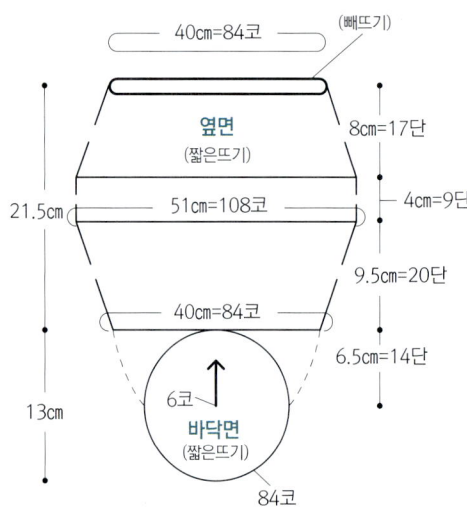

조립 방법

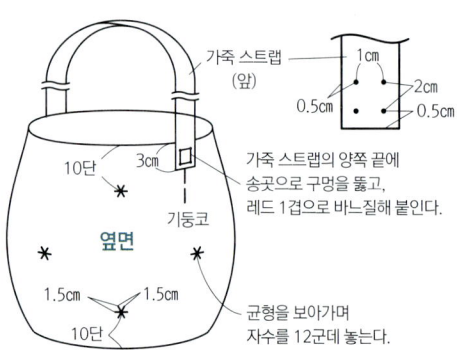

자수 도안

실은 페일 블루 1겹으로 수를 놓습니다.
같은 방법으로 두 번 반복합니다.

④ 10 넣기, 4 넣기　⑤ 6 넣기, 12 넣기
② 8 넣기, 2 넣기　✳　① 1 빼기, 7 빼기
⑥ 5 빼기, 11 빼기　③ 3 빼기, 9 빼기

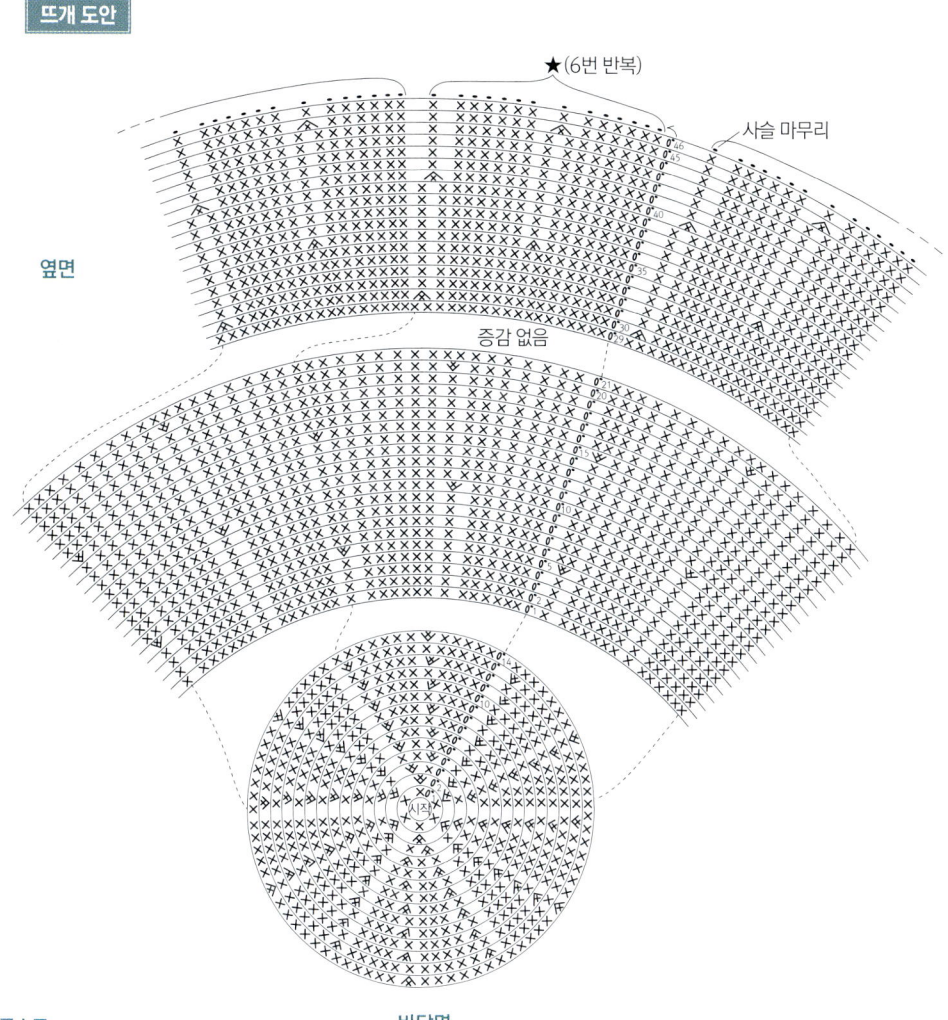

뜨개 도안

옆면 / ★(6번 반복) / 사슬 마무리 / 증감 없음 / 바닥면

옆면의 콧수표

단	코	늘리는 방법
46	84	증감 없음
45		6코 줄이기
41~44	90	증감 없음
40		6코 줄이기
36~39	96	증감 없음
35		6코 줄이기
31~34	102	증감 없음
30		6코 줄이기
21~29	108	증감 없음
20		6코 늘리기
16~19	102	증감 없음
15		6코 늘리기
11~14	96	증감 없음
10		6코 늘리기
6~9	90	증감 없음
5		6코 늘리기
1~4	84	증감 없음

바닥면의 콧수표

단	코	늘리는 방법
14	84	각 단을 6코씩 늘리기
13	78	
12	72	
11	66	
10	60	
9	54	
8	48	
7	42	
6	36	
5	30	
4	24	
3	18	
2	12	
1	6	

M 스퀘어 백

재료와 도구

실 하마나카 코마코마 | 베이지(2) 210g, 블랙(12) 75g
기타 태그용 가죽 약 5.5·8cm, 지름 0.3cm의 가죽 끈 28cm,
지름 0.8cm의 O링 1개, 스탬프, 잉크
바늘 8/0호 코바늘, 돗바늘
게이지 짧은뜨기(왕복뜨기) 12.5코·12.5단(가로·세로 10cm)
(원형뜨기) 12.5코·15.5단(가로·세로 10cm)

가로(입구) 33.5cm
세로 25cm
가로(바닥면) 24cm
(폭) 9.5cm

치수 도안

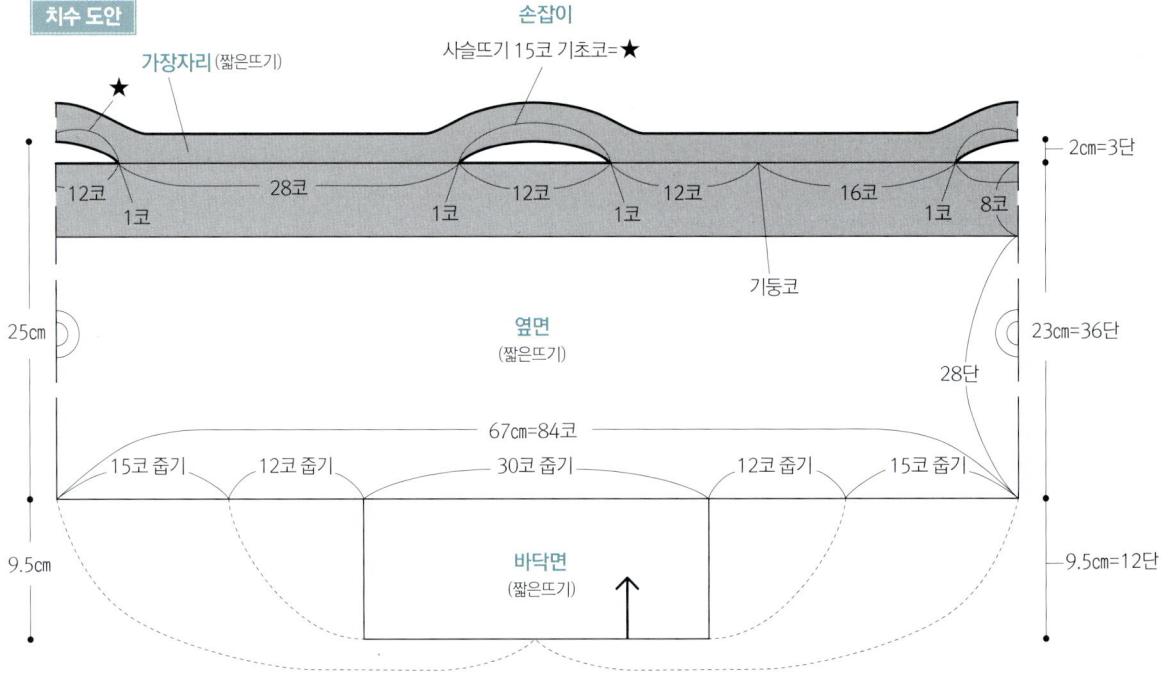

조립 방법

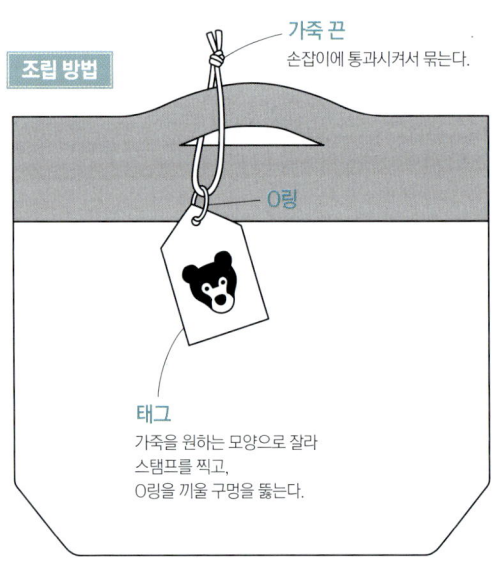

가죽 끈 손잡이에 통과시켜서 묶는다.
O링
태그 가죽을 원하는 모양으로 잘라 스탬프를 찍고, O링을 끼울 구멍을 뚫는다.

만드는 법
실은 1겹, 지정한 배색으로 뜹니다.

1. 바닥면에서부터 뜹니다. 사슬뜨기로 30코 기초코를 만들고, 짧은뜨기를 12단 뜹니다.
2. 이어서 옆면을 뜹니다. 바닥면의 둘레에서 84코를 주워 짧은뜨기를 베이지로 28단, 블랙으로 8단 뜨고 실을 쉬어둡니다.
3. 손잡이 위치 2곳에 각각 새로 실을 연결하여, 사슬뜨기로 15코 기초코를 만듭니다.
4. 과정 2의 실로 가장자리와 손잡이에 짧은뜨기를 3단 뜨고 마지막에 빼뜨기를 뜹니다.
5. 태그를 만들어 손잡이에 답니다.

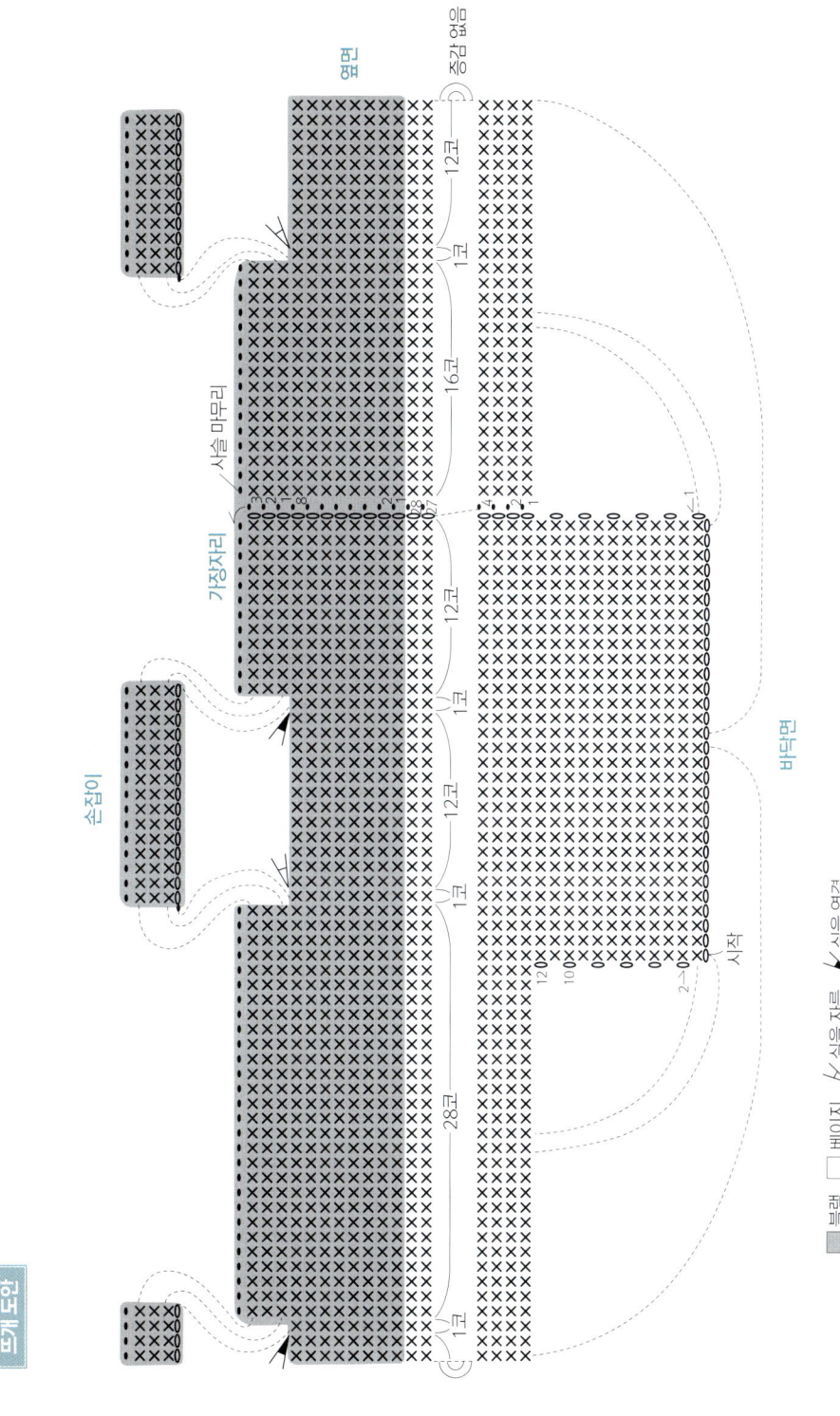

N 물방울무늬 마르셰 백

재료와 도구

- **실** 하마나카 에코안다리아 | 라이트 베이지(42) 210g
  하마나카 워시코튼 | 그레이(39) 15g
  손바느질 실
- **바늘** 10/0호, 6/0호, 4/0호 코바늘, 돗바늘, 손바느질 바늘
- **게이지** 짧은뜨기(에코안다리아 1겹) 18코·21.5단(가로·세로 10cm)

가로(입구) 35.5cm
세로 24cm
가로(바닥면) 29cm
(폭) 11cm

치수 도안

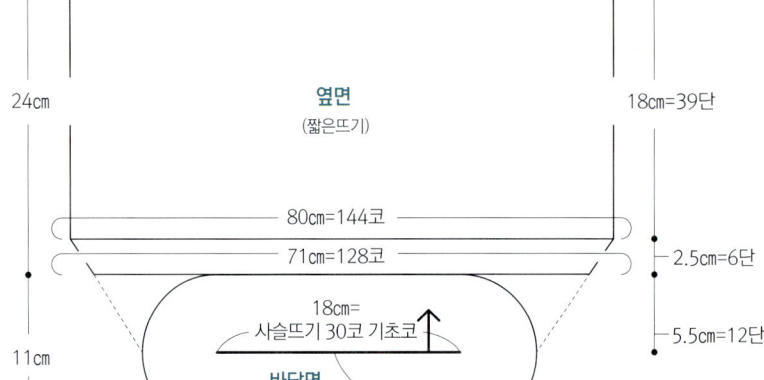

조립 방법

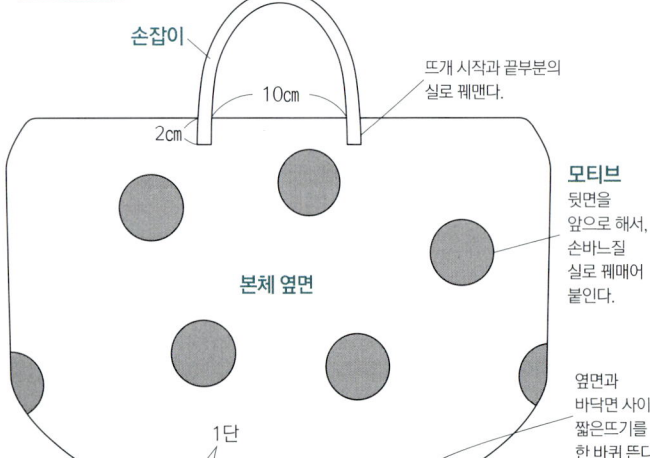

만드는 법

실은 따로 기재되어 있지 않은 부분은 에코안다리아 1겹으로 뜹니다.

1. 본체를 바닥면에서부터 뜹니다. 사슬뜨기로 30코 기초코를 만들고 뜨개 도안대로 코를 늘리면서 12단까지 뜹니다.
2. 이어서 옆면을 뜹니다. 짧은뜨기로 코를 늘리면서 6단, 증감 없이 39단, 코를 줄이면서 7단을 뜹니다. 마지막에 빼뜨기를 뜹니다. 옆면과 바닥면 사이에서 코를 주워 짧은뜨기를 뜹니다.
3. 손잡이를 뜹니다. 뜨개 시작 부분의 실 끝자락을 20cm 남기고 사슬뜨기로 36코 기초코를 만들어 빼뜨기를 뜹니다.
4. 모티브를 뜹니다. 원형뜨기 시작코를 잡아 기둥코 사슬뜨기 1코와 짧은뜨기 12코를 떠서 원형뜨기를 시작합니다. 뜨개 도안대로 코를 늘리면서 3단을 뜹니다. 같은 것을 12장 뜹니다.
5. 손잡이와 모티브를 본체에 붙입니다.

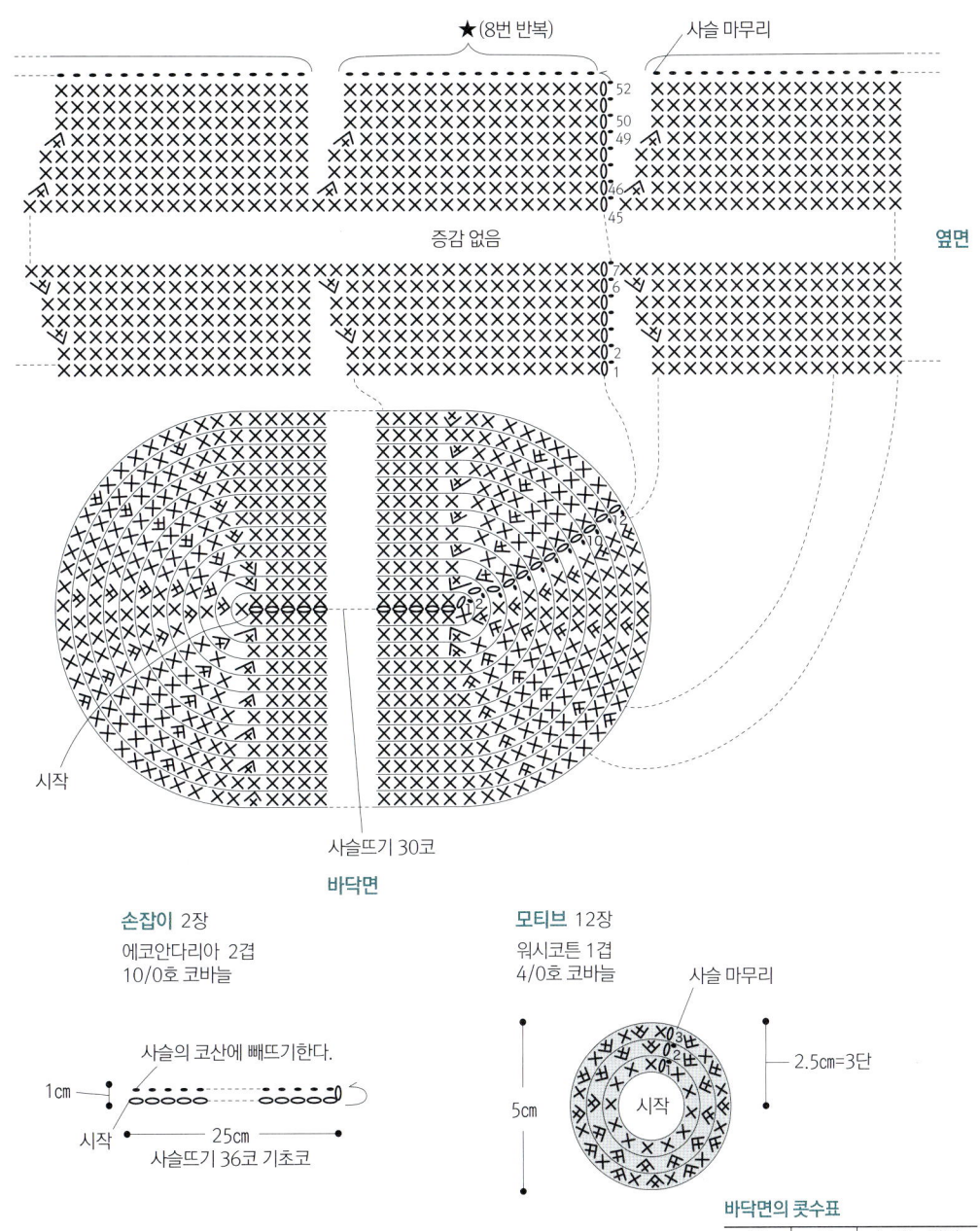

옆면의 콧수표

단	코	증감 방법
50~52	128	증감 없음
49		8코 줄이기
47·48	136	증감 없음
46		8코 줄이기
7~45	144	증감 없음
6		8코 늘이기
4·5	136	증감 없음
3		8코 늘이기
1·2	128	증감 없음

모티브의 콧수표

단	코	늘리는 방법
3	36	각 단을 12코씩 늘리기
2	24	
1	12	

바닥면의 콧수표

단	코	늘리는 방법
12	128	
11	122	
10	116	
9	110	
8	104	각 단을 6코씩 늘리기
7	98	
6	92	
5	86	
4	80	
3	74	
2	68	
1	62	

o 스트라이프 조리개 백

재료와 도구

- **실** 하마나카 에코안다리아 | 브라운(55) 110g, 네이비(72) 50g
- **기타** 지름 0.2cm의 가죽 끈 1m
- **바늘** 7/0호 코바늘, 돗바늘
- **게이지** 짧은뜨기(본체) 16.5코·19단(가로·세로 10cm)

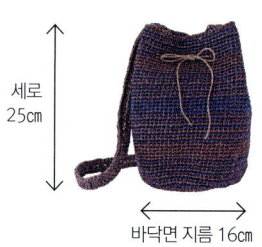

세로 25cm
바닥면 지름 16cm

치수 도안

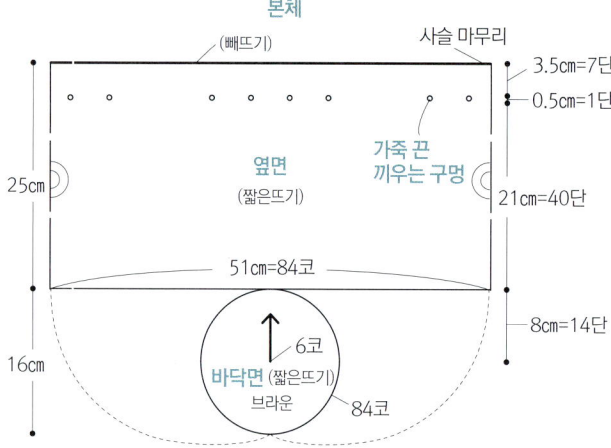

본체
(빼뜨기)
사슬 마무리
3.5cm=7단
0.5cm=1단
옆면 (짧은뜨기)
가죽 끈 끼우는 구멍
21cm=40단
25cm
51cm=84코
8cm=14단
16cm
6코
바닥면 (짧은뜨기) 브라운
84코

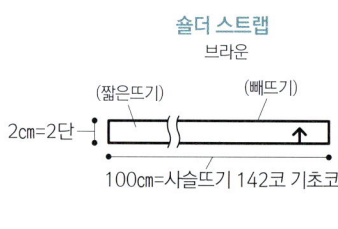

숄더 스트랩
브라운
(짧은뜨기) (빼뜨기)
2cm=2단
100cm=사슬뜨기 142코 기초코

조립 방법

가죽 끈을 끼운다.
숄더 스트랩
7단
꿰매어 붙인다.
기둥코
본체

만드는 법 실은 1겹, 지정한 배색으로 뜹니다.

1. 본체를 바닥면에서부터 뜹니다. 원형뜨기 시작코를 잡아 기둥코 사슬뜨기 1코와 짧은뜨기 6코를 떠서 원형뜨기를 시작합니다. 뜨개 도안대로 코를 늘리면서 짧은뜨기를 14단까지 뜹니다.
2. 이어서 옆면을 40단 뜹니다. 41단에서 끈 끼우는 구멍을 만들고 다시 7단을 뜨고, 빼뜨기를 한 바퀴 뜹니다.
3. 숄더 스트랩을 뜹니다. 사슬뜨기로 142코 기초코를 만들고 짧은뜨기를 2단 뜹니다. 둘레에 빼뜨기를 뜹니다.
4. 숄더 스트랩을 꿰매어 붙이고 가죽 끈을 구멍에 끼워 한 바퀴 통과시킵니다.

뜨개 도안

숄더 스트랩

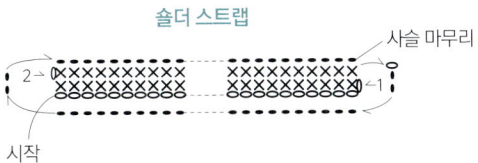

옆면

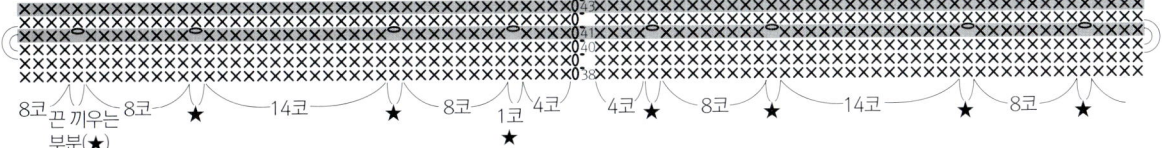

바닥면

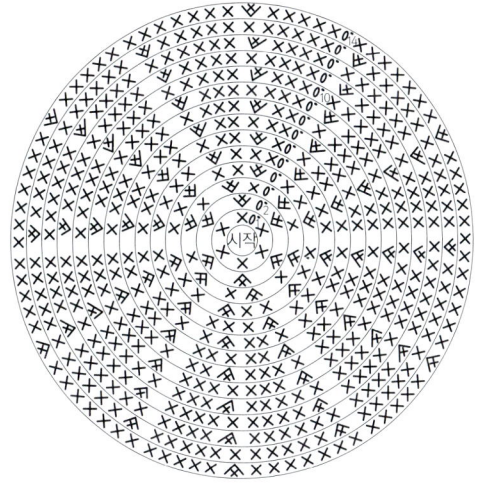

바닥면의 콧수표

단	코	늘리는 방법
14	84	
13	78	
12	72	
11	66	
10	60	
9	54	각 단을
8	48	6코씩
7	42	늘리기
6	36	
5	30	
4	24	
3	18	
2	12	
1	6	

옆면의 배색표

단	색상	단	색상
22	브라운	48	브라운
21	네이비	47	네이비
20	브라운	46	브라운
19	네이비	45	네이비
18	브라운	44	브라운
17	네이비	43	네이비
16	브라운	42	브라운
15	네이비	41	네이비
10~14	브라운	36~40	브라운
9	네이비	35	네이비
8	브라운	34	브라운
7	네이비	33	네이비
6	브라운	32	브라운
5	네이비	31	네이비
4	브라운	30	브라운
3	네이비	29	네이비
2	브라운	28	브라운
1	네이비	23~27	네이비

P 컬러 토트백

재료와 도구

- **실**: 하마나카 코마코마 | 라이트 그레이(13) 200g, 블루(5) 100g, 머스터드 옐로(3) 40g
  하마나카 아마이토 리넨 30 | 핑크(105) 20g
- **바늘**: 8/0호 코바늘, 돗바늘
- **게이지**: 짧은뜨기 14코·16단(가로·세로 10cm)

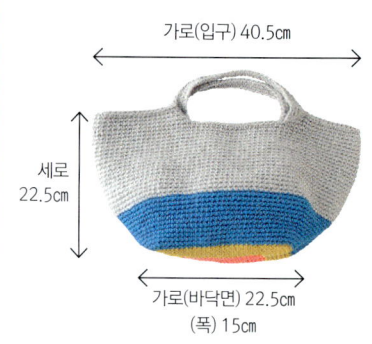

치수 도안

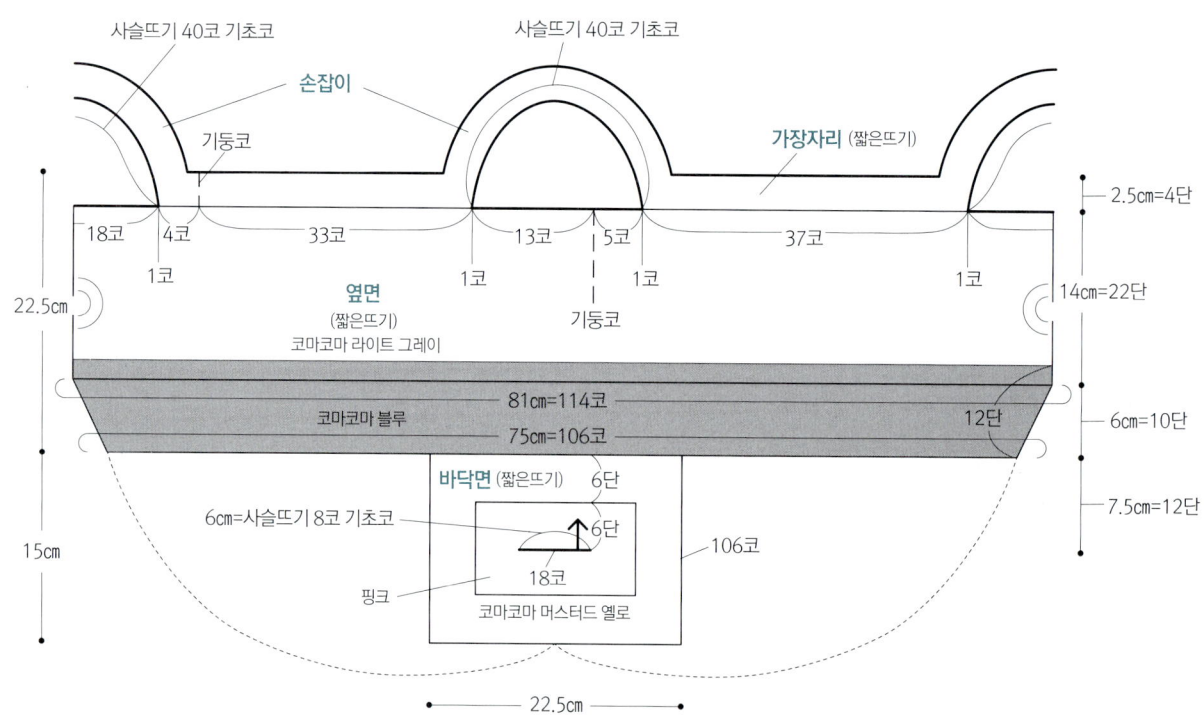

만드는 법 코마코마는 1겹, 아마이토는 2겹, 지정한 배색으로 뜹니다.

1. 본체를 바닥면에서부터 뜹니다. 사슬뜨기로 8코 기초코를 만들고 뜨개 도안대로 코를 늘리면서 12단까지 뜹니다.
2. 이어서 옆면을 뜹니다. 짧은뜨기를 코를 늘리면서 10단, 증감 없이 22단을 뜨고, 실을 정리합니다.
3. 가장자리와 손잡이를 뜹니다. 새로 실을 연결하여 손잡이 위치에 사슬뜨기로 기초코를 만들면서 짧은뜨기를 4단 뜹니다.

뜨개 도안

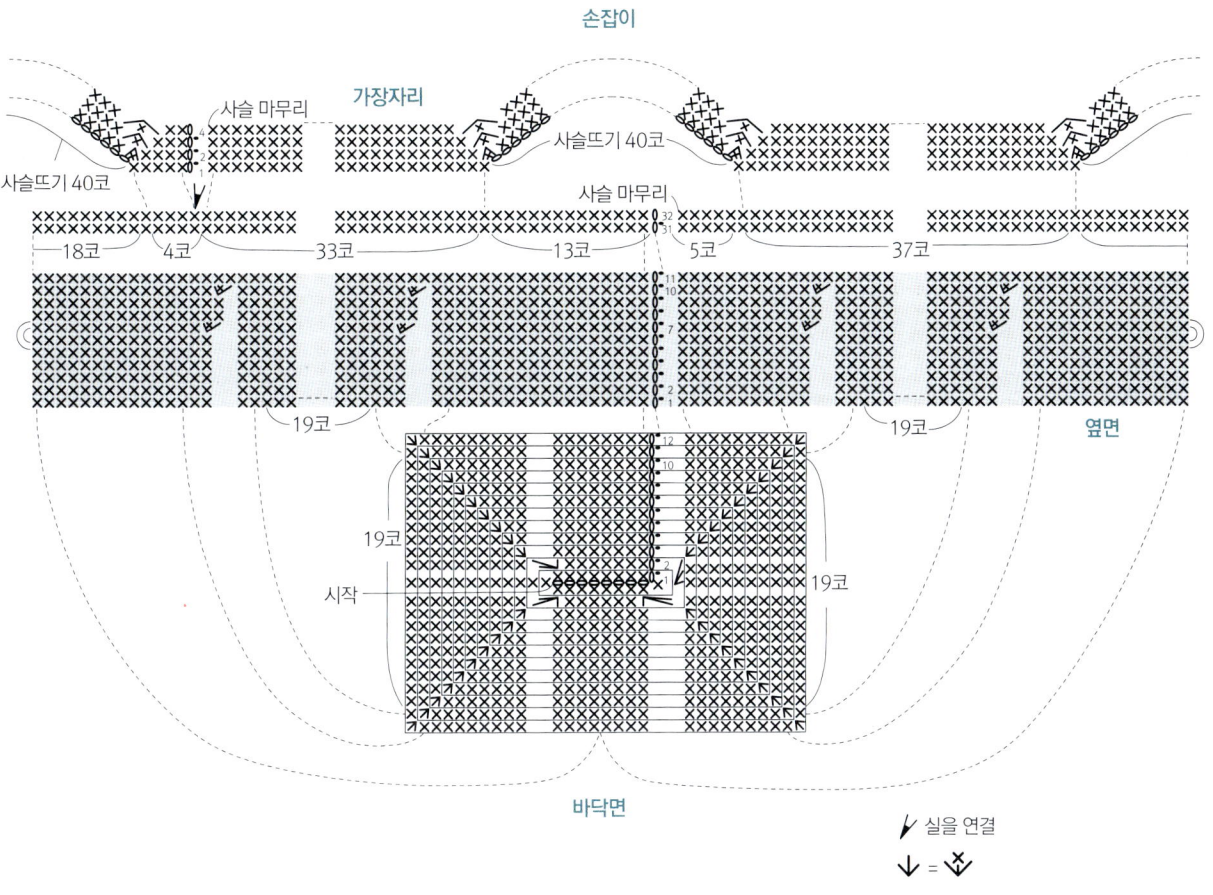

바닥면의 콧수표

단	코	늘리는 방법
12	106	
11	98	
10	90	
9	82	
8	74	각 단을 8코씩 늘리기
7	66	
6	58	
5	50	
4	42	
3	34	
2	26	
1	18	

옆면의 콧수표

단	코	늘리는 방법
11~32	114	코 늘림 없음
10		4코 늘리기
8·9	110	코 늘림 없음
7		4코 늘리기
1~6	106	코 늘림 없음

Q 구슬뜨기로 뜬 심플 백

재료와 도구

- **실** 하마나카 포므 황토 | 애미시스트 퍼플(44) 125g,
  발리 라이트 그레이(45) 50g
  하마나카 레브리 | 블루(9) 15g
- **바늘** 8/0호 코바늘, 돗바늘
- **게이지** 무늬뜨기 13코·9.5단(가로·세로 10cm)

가로(입구) 27.5cm

세로 25cm

치수 도안

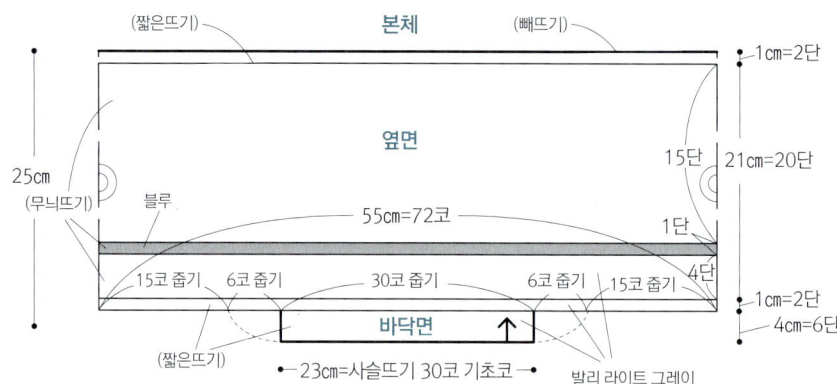

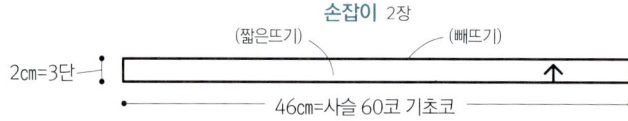

조립 방법

손잡이 짧은뜨기 부분에 연결한다.

만드는 법 실은 2겹, 따로 기재되어 있지 않은 부분은 포므 황토 애미시스트 퍼플로 뜹니다.

1. 본체를 바닥면에서부터 뜹니다. 사슬뜨기로 30코 기초코를 만들고 짧은뜨기를 6단 뜹니다.
2. 이어서 옆면을 뜹니다. 바닥면의 둘레에서 72코를 주워 짧은뜨기, 무늬뜨기, 짧은뜨기의 순으로 옆면을 뜹니다. 마지막에 빼뜨기를 뜹니다.
3. 손잡이를 뜹니다. 사슬뜨기로 60코 기초코를 만들고 짧은뜨기를 3단 뜹니다. 뜨개 도안대로 빼뜨기를 뜹니다.
4. 손잡이를 본체에 붙입니다.

뜨개 도안

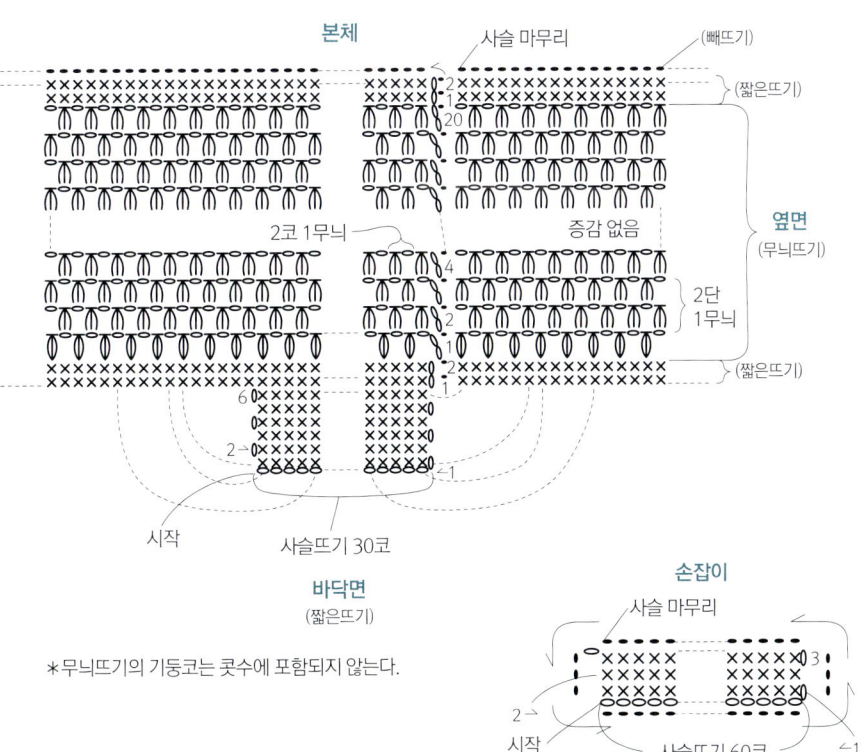

*무늬뜨기의 기둥코는 콧수에 포함되지 않는다.

R 원 핸들 숄더백

재료와 도구

- **실** 하마나카 에코안다리아 | 골드 브라운(172) 180g, 카페오레(159) 20g
- **기타** 하마나카 앤티크 원형 자석 단추(H-206-041-3) 지름 1.8cm 1세트
- **바늘** 10/0호, 7/0호 코바늘, 돗바늘
- **게이지** 긴뜨기(7/0호 코바늘·원형뜨기) 15코·14단(가로·세로 10cm)

세로 25cm (바닥면 중심부터 입구 중앙까지)
가로 17cm

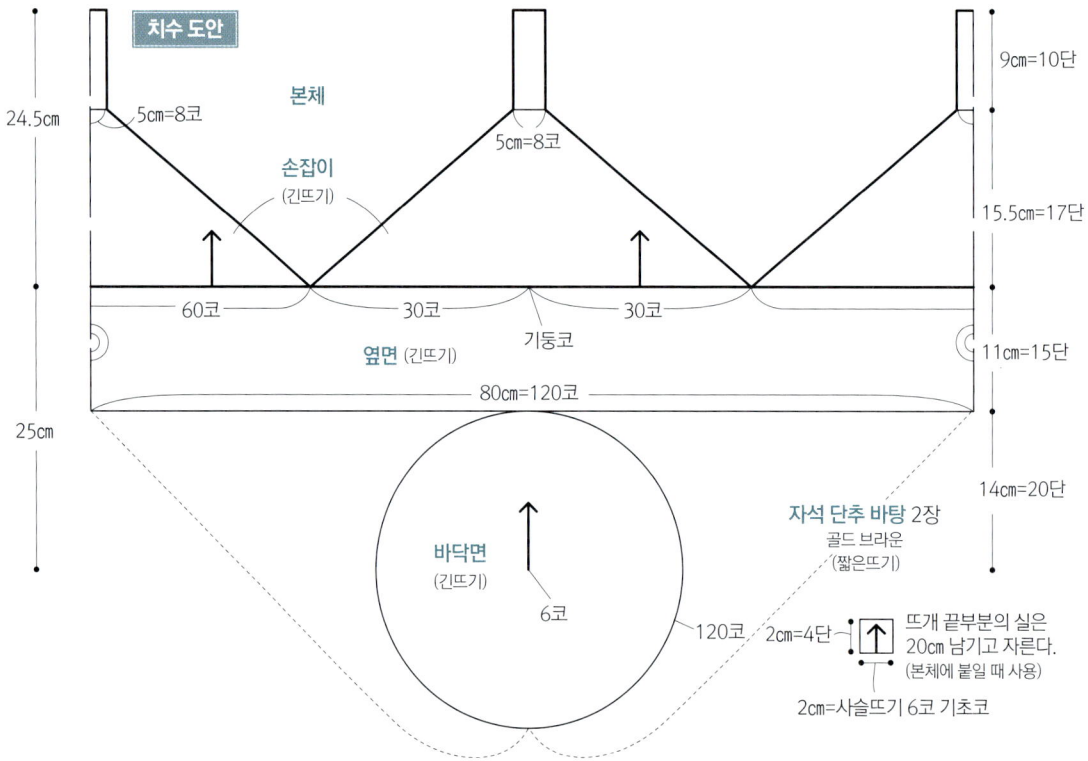

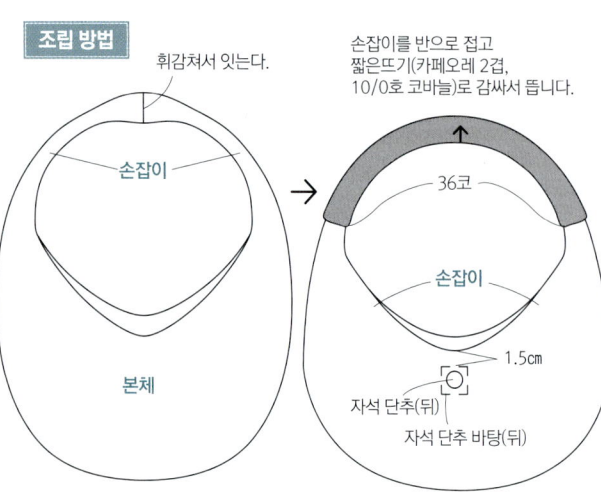

만드는 법 실은 따로 기재하지 않은 부분은 1겹, 7/0호 코바늘로 뜹니다.

1. 본체를 바닥면에서부터 뜹니다. 원형뜨기 시작코를 잡아 기둥코 사슬뜨기 1코와 짧은뜨기 6코를 떠서 원형뜨기를 시작합니다. 뜨개 도안대로 코를 늘리면서 긴뜨기를 20단까지 뜹니다.
2. 이어서 옆면을 코의 증감 없이 15단 뜨고, 실을 정리합니다.
3. 손잡이를 뜹니다. 지정한 위치에 새로 실을 연결하여 코를 줄이면서 17단, 증감 없이 10단을 뜹니다. 같은 방식으로 다른 한쪽도 뜹니다.
4. 손잡이의 뜨개 끝부분을 감침질로 연결합니다.
5. 손잡이를 짧은뜨기 36코로 감싸서 뜹니다.
6. 자석 단추 바탕을 뜹니다. 사슬뜨기로 6코 기초코를 만들고 짧은뜨기로 4단을 뜹니다.
7. 자석 단추를 자석 단추 바탕의 앞면에 붙이고, 자석 단추 바탕을 본체의 안쪽 면에 꿰매어 붙입니다.

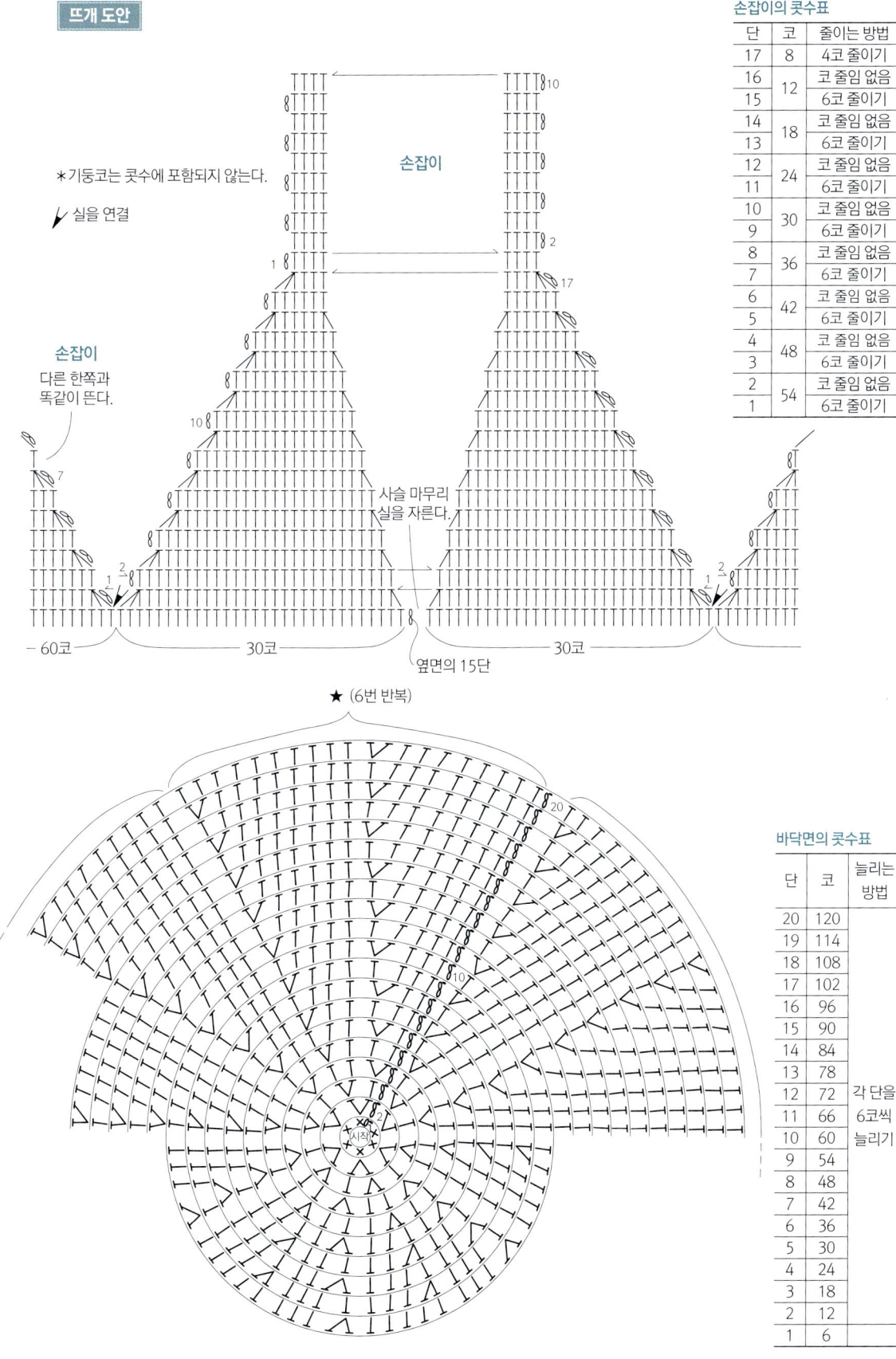

S 무늬뜨기로 뜬 조리개 백

재료와 도구

실	하마나카 코마코마	브라운(15) 80g
	하마나카 포므 수피마	오프 화이트(81) 80g
기타	지름 2.5mm의 가죽 끈 2m
바늘	10호 60cm의 줄바늘, 8/0호 코바늘, 돗바늘
게이지	무늬뜨기 15.5코·21단(가로·세로 10cm)
	짧은뜨기 15.5코·16.5단(가로·세로 10cm)

치수 도안

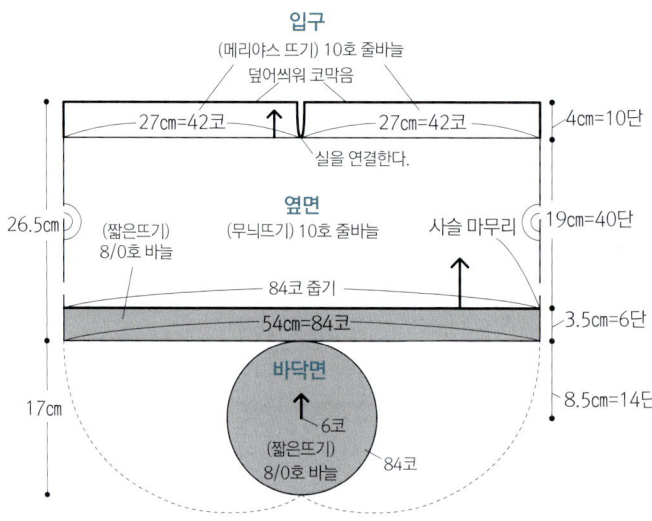

조립 방법

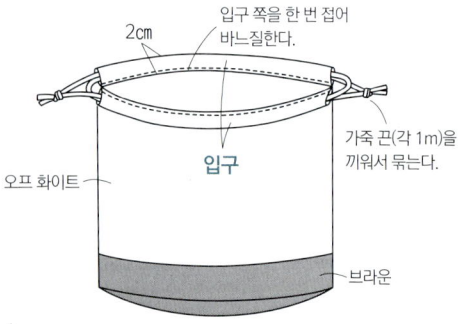

만드는 법
실은 지정한 배색으로 뜹니다.

1. 바닥면에서부터 뜹니다. 원형뜨기 시작코를 잡아 기둥코 사슬뜨기 1코와 짧은뜨기 6코를 떠서 원형뜨기를 시작합니다. 뜨개 도안대로 코를 늘리면서 짧은뜨기를 14단 뜹니다.

2. 이어서 옆면을 뜹니다. 짧은뜨기를 6단 뜹니다. 실을 정리를 하고 코바늘로 새 실을 빼면서 줄바늘로 84코를 줍습니다. 무늬뜨기를 40단까지 뜹니다.

3. 입구 쪽을 뜹니다. 옆면에 이어서 메리야스 뜨기를 42코·10단 뜨고 코막음을 합니다. 옆면의 나머지 42코에 새로 실을 연결하고 마찬가지로 메리야스 뜨기를 뜨고 덮어씌워서 코막음을 합니다.

4. 입구 쪽을 한 번 접어서 돗바늘에 포므 수피마 1올로 바느질합니다. 가죽 끈을 끼운 다음 묶습니다.

뜨개 도안

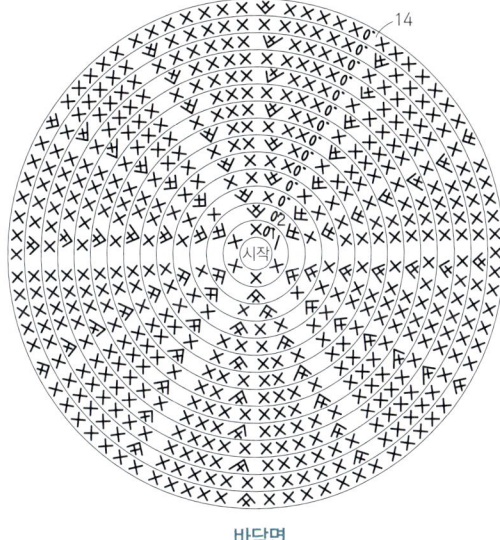

바닥면

바닥면의 콧수표

단	코	늘리는 방법
14	84	
13	78	
12	72	
11	66	
10	60	
9	54	각 단을 6코씩 늘리기
8	48	
7	42	
6	36	
5	30	
4	24	
3	18	
2	12	
1	6	

☐ 포므 수피마 2겹
■ 코마코마 1겹
☐ ▬

옆면
(무늬뜨기)

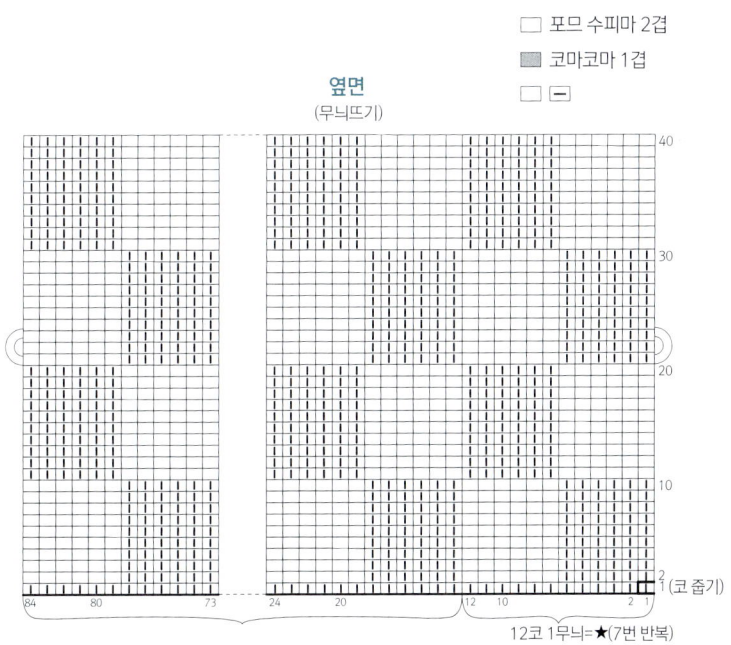

12코 1무늬=★(7번 반복)

T 스트라이프 토트백

재료와 도구

- **실**: 하마나카 에코안다리아 | A 그레이(148) 110g, 레몬 옐로(11) 80g
  | B 블루 그린(68) 110g, 퍼플(160) 80g
- **바늘**: 10/0호 코바늘, 돗바늘
- **게이지**: 짧은뜨기 11.5코·13.5단(가로·세로 10cm)

가로(입구) 31cm
세로 20cm
가로(바닥면) 17cm
(폭) 12cm

치수 도안

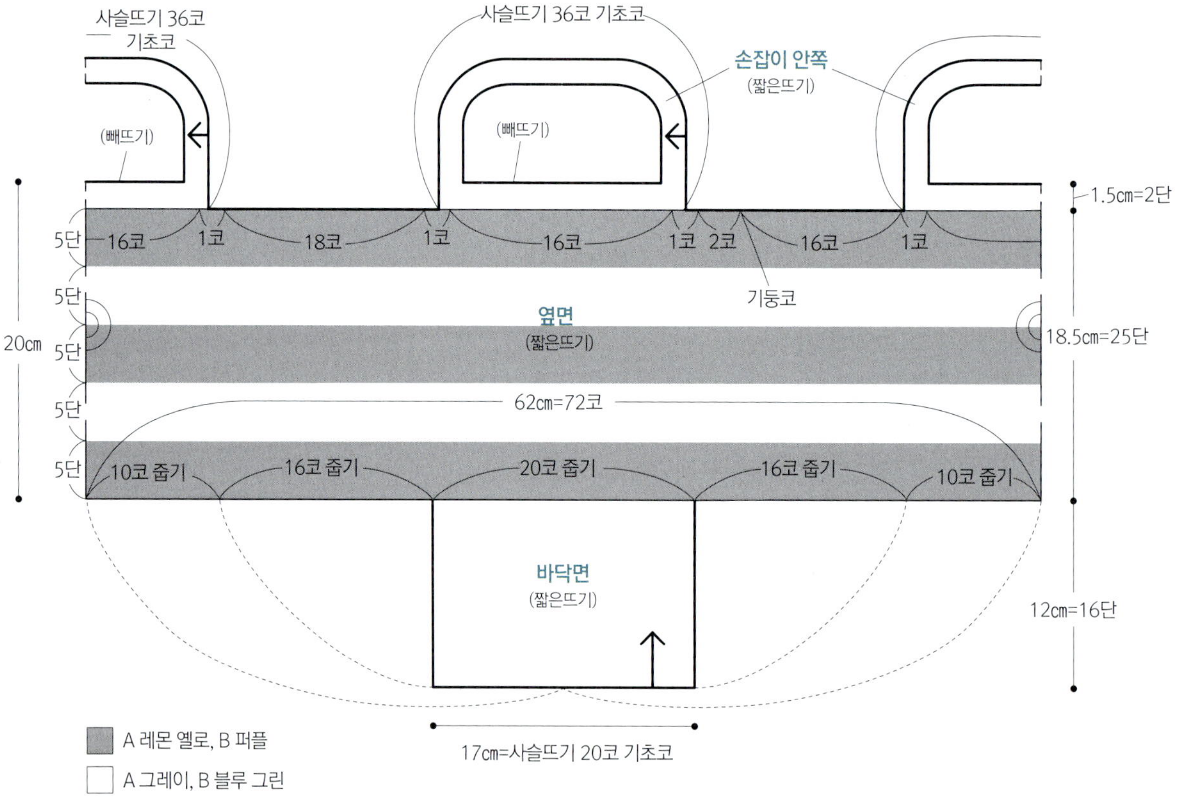

- 사슬뜨기 36코 기초코
- 사슬뜨기 36코 기초코
- 손잡이 안쪽 (짧은뜨기)
- (빼뜨기)
- 5단 — 16코 — 1코 — 18코 — 1코 — 16코 — 1코 2코 — 16코 — 1코
- 기둥코
- 1.5cm=2단
- 옆면 (짧은뜨기)
- 18.5cm=25단
- 20cm
- 62cm=72코
- 10코 줍기 — 16코 줍기 — 20코 줍기 — 16코 줍기 — 10코 줍기
- 바닥면 (짧은뜨기)
- 12cm=16단
- 17cm=사슬뜨기 20코 기초코

■ A 레몬 옐로, B 퍼플
□ A 그레이, B 블루 그린

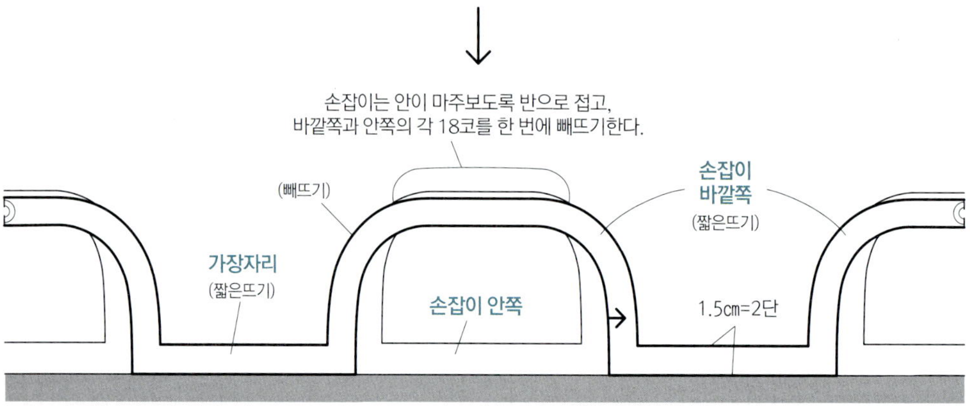

손잡이는 안이 마주보도록 반으로 접고,
바깥쪽과 안쪽의 각 18코를 한 번에 빼뜨기한다.

- (빼뜨기)
- 가장자리 (짧은뜨기)
- 손잡이 바깥쪽 (짧은뜨기)
- 손잡이 안쪽
- 1.5cm=2단

만드는 법 실은 같은 색 2겹, 지정한 배색으로 뜹니다.

1. 바닥면에서부터 뜹니다. 사슬뜨기 20코로 기초코를 만들고 짧은뜨기를 16단 뜹니다.
2. 이어서 옆면을 뜹니다. 바닥면의 둘레에서 72코를 주워 짧은뜨기를 25단 뜨고 실을 쉬어둡니다.
3. 손잡이의 기초코를 뜹니다. 옆면에 새로 실을 연결하여 사슬뜨기를 36코 뜨고 지정한 위치에 빼뜨기합니다.
4. 손잡이 안쪽을 뜹니다. 기초코에서 뜨개 도안대로 코를 줍습니다. 코를 줄이면서 짧은뜨기를 2단 뜨고 뜨개 도안대로 빼뜨기를 뜹니다.
5. 다른 한쪽의 손잡이 안쪽을 과정 3~4와 같은 방법으로 뜹니다.
6. 가장자리와 손잡이 바깥쪽을 뜹니다. 과정 2의 실로 코를 줄이면서 짧은뜨기를 2단 뜹니다. 뜨개 도안대로 빼뜨기를 뜹니다. 이때 손잡이는 안이 마주보도록 반으로 접고 가운데 18코를 한 번에 바늘을 넣어 빼뜨기를 합니다.

뜨개 도안

기본 뜨개법

| 코바늘뜨기 |

원형뜨기 기초코

1.
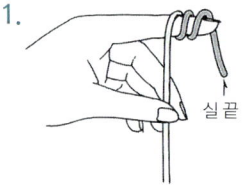
왼쪽 검지에 실을 나란히 두 번 감습니다. 이때 실 끝은 오른쪽에 있습니다.

2.
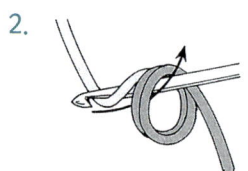
감은 실에서 검지를 빼고 왼손으로 실이 흐트러지지 않게 잡은 후 원형 코 안으로 바늘을 넣고 실을 걸어 화살표 방향으로 빼냅니다.

3.
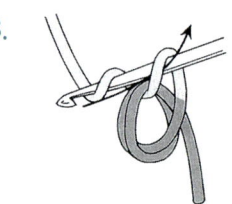
사슬코를 뜹니다. 원형뜨기 시작코(매직링)가 완성되었습니다.

4.
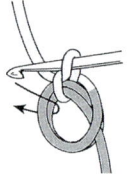
원형코 안으로 바늘을 넣어 필요한 만큼 짧은뜨기를 뜹니다.

5.
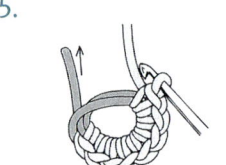
실 끝을 잡고 살짝 잡아당기면 움직이는 실이 있습니다.

6.
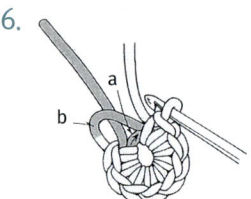
움직이는 실 a를 당깁니다.

7.
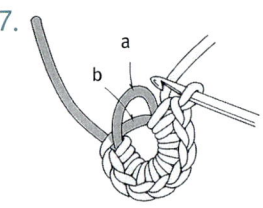
고리 b가 조여집니다.

8.
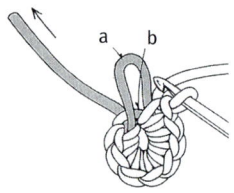
실 끝을 바짝 당겨 고리 a를 조여줍니다.

9.
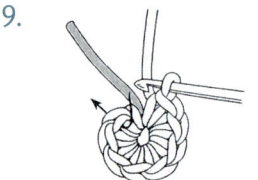
기둥코의 머리에 화살표 방향으로 바늘을 넣습니다.

10.
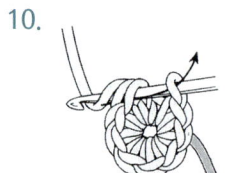
실을 걸어 한 번에 빼냅니다.

11.
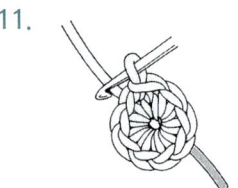
원형코 1단이 완성되었습니다.

실을 감싸서 뜨기

1.
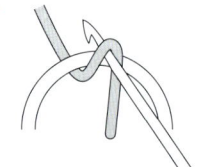
감싸는 실 아래로 바늘을 넣고, 뜨는 실을 바늘에 걸어 앞으로 가져옵니다.

2.

바늘에 실을 걸어 화살표 방향으로 빼냅니다.

3.

감싸는 실 아래로 바늘을 넣고, 뜨는 실을 바늘에 걸어 앞으로 가져옵니다.

4.
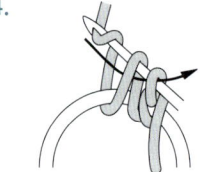
바늘에 실을 걸어 화살표 방향으로 빼냅니다.

5.
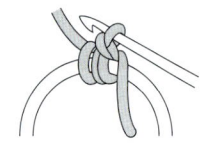
감싸는 실이 보이지 않도록 촘촘하게, 과정 3~4를 반복합니다.

6.
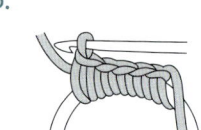
손잡이를 감싸는 데 주로 사용하는 방법이므로 필요한 만큼 뜹니다.

코바늘 뜨개 기호

사슬뜨기

1.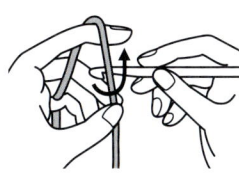
바늘을 실 뒤에 두고, 실을 감싸면서 화살표 방향으로 돌립니다.

2.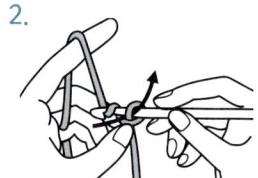
실이 교차된 부분을 왼손의 엄지와 검지로 잡고, 바늘에 실을 걸어 화살표 방향으로 빼냅니다.

3.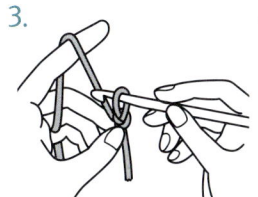
사슬뜨기의 시작코가 완성되었습니다. 시작코는 콧수로 세지 않습니다.

4.
바늘에 실을 걸어 과정 2를 반복합니다.

빼뜨기

1.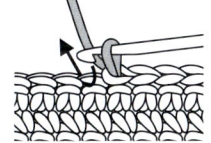
바늘을 화살표 방향으로 코의 머리에 넣습니다.

2.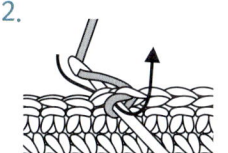
바늘에 실을 감아, 코의 머리와 바늘에 걸려있는 고리 모두를 한 번에 빼냅니다.

3.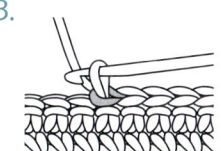
빼뜨기 1코가 완성되었습니다.

짧은뜨기

1.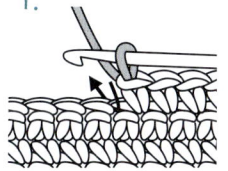
바늘을 화살표 방향으로 코의 머리에 넣습니다.

2.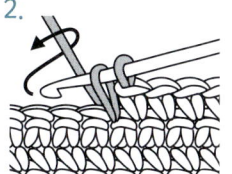
바늘에 실을 걸어 빼낸 후, 다시 바늘에 실을 겁니다.

3.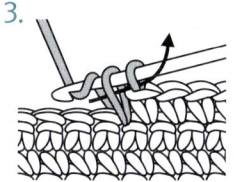
바늘에 걸려있는 두 개의 고리를 화살표 방향으로 한 번에 빼냅니다.

4.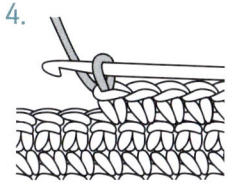
짧은뜨기 1코가 완성되었습니다.

짧은뜨기 2코 늘려뜨기

1.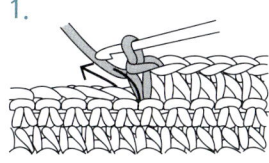
짧은뜨기 1코를 뜬 후, 같은 코에 짧은뜨기를 한 번 더 뜹니다.

2.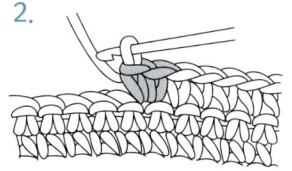
짧은뜨기 2코 늘려뜨기가 완성되었습니다.

짧은뜨기 3코 늘려뜨기

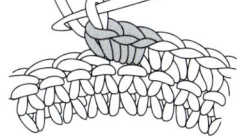
같은 코에 짧은뜨기를 3코 뜹니다.

짧은뜨기 2코 모아뜨기

1.
바늘을 코의 머리에 넣고, 실을 걸어 빼냅니다.(짧은뜨기 미완성코)

2.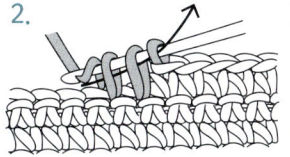
과정 1의 왼쪽 옆 코의 머리에 바늘을 넣어 실을 끌어낸 후, 바늘에 실을 걸어 걸려있는 세 개의 고리를 화살표 방향으로 한 번에 빼냅니다.

3.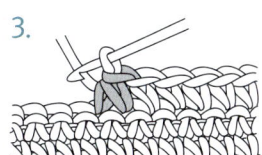
짧은뜨기 2코 모아뜨기가 완성되었습니다.

뜨개 기호

긴뜨기

1.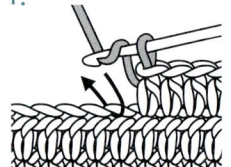
바늘에 실을 건 후, 코의 머리에 화살표 방향으로 바늘을 넣습니다.

2.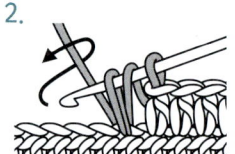
바늘에 실을 걸어 앞으로 끌어낸 후, 바늘에 실을 겁니다. 이때 바늘에 세 개의 고리가 있는 상태입니다. (긴뜨기 미완성코)

3.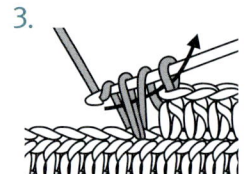
바늘에 실을 걸어 화살표 방향으로 한 번에 빼냅니다.

4.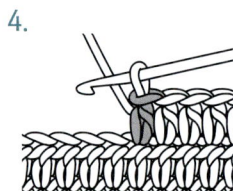
긴뜨기 1코가 완성되었습니다.

긴뜨기 2코 늘려뜨기

1.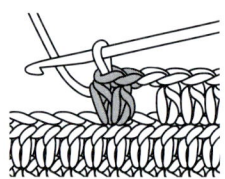
같은 코에 긴뜨기를 2코 뜹니다.

긴뜨기 2코 모아뜨기

1.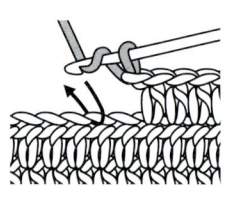
바늘에 실을 건 후, 코의 머리에 화살표 방향으로 바늘을 넣습니다.

2.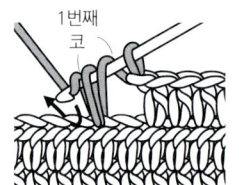
바늘에 실을 걸어 앞으로 끌어낸 후(긴뜨기 미완성코), 바늘에 실을 걸어 코의 머리에 화살표 방향으로 바늘을 넣습니다.

3.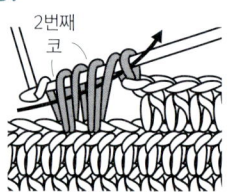
바늘에 실을 걸어 앞으로 끌어냅니다. 이때 바늘에 다섯 개의 고리가 있는 상태입니다. 바늘에 실을 걸어 화살표 방향으로 한 번에 빼냅니다.

4.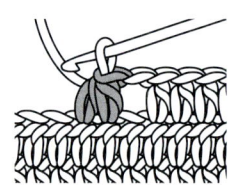
긴뜨기 2코 모아뜨기가 완성되었습니다.

긴뜨기 3코 모아뜨기

1.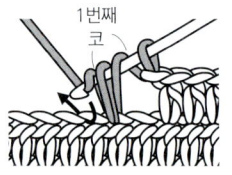
바늘에 실을 건 후, 코의 머리에 긴뜨기 미완성코를 뜹니다.

2.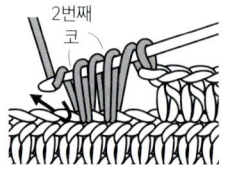
2번째 코에 긴뜨기 미완성코를 뜹니다.

3.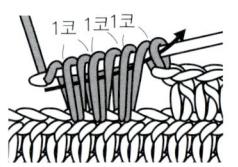
3번째 코에 긴뜨기 미완성코를 뜹니다. 이때 바늘에 일곱 개의 고리가 있는 상태입니다. 바늘에 실을 걸어 화살표 방향으로 한 번에 빼냅니다.

4.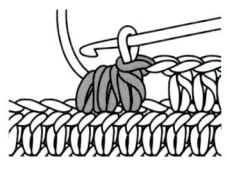
긴뜨기 3코 모아뜨기가 완성되었습니다.

긴뜨기 3코 구슬뜨기

1.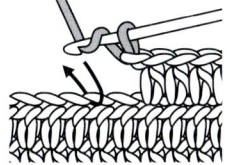
바늘에 실을 걸고 구슬뜨기를 할 코의 머리에 바늘을 넣습니다.

2.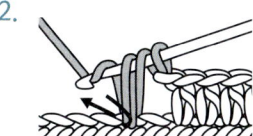
바늘에 실을 걸어 뺀 후(긴뜨기 미완성 코), 다시 바늘에 실을 걸고 같은 코에 바늘을 넣습니다.

3.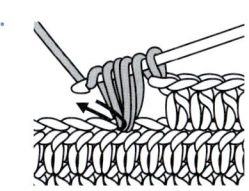
2번째 긴뜨기 미완성코를 뜬 후, 다시 바늘에 실을 걸고 같은 코에 바늘을 넣습니다.

4.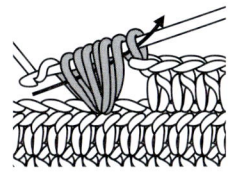
같은 코에 3번째 긴뜨기 미완성코를 뜬 후, 바늘에 실을 걸어 한 번에 빼냅니다.

5.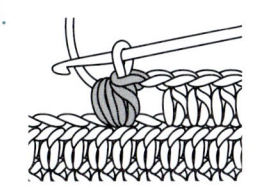
긴뜨기 3코 구슬뜨기가 완성되었습니다.

한길 긴뜨기

1.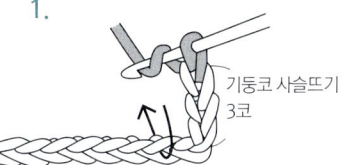
기둥코로 사슬뜨기 3코를 뜬 후, 바늘에 실을 걸고 옆 사슬에 화살표 방향으로 바늘을 넣습니다.

2.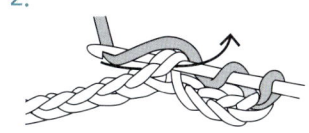
바늘에 실을 걸어 화살표 방향으로 빼냅니다. 이때 바늘에 세 개의 고리가 있는 상태입니다.

3.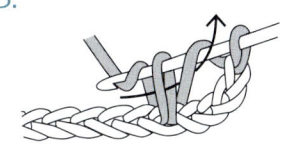
바늘에 실을 걸어, 세 개의 고리 중 두 개만 화살표 방향으로 빼냅니다.

4.
바늘에 실을 걸어 화살표 방향으로 한 번에 빼냅니다.

5.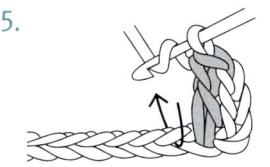
한길긴뜨기가 완성되었습니다.

6.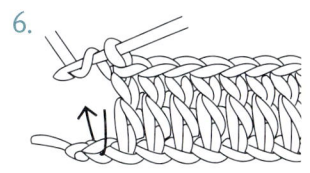
다시 옆 사슬에 화살표 방향으로 바늘을 통과한 후, 과정 2~4를 반복합니다.

한길 긴뜨기 2코 늘려뜨기

1.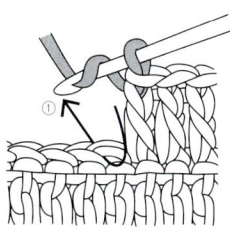
1번째 한길긴뜨기를 뜹니다.

2.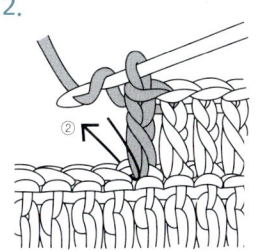
같은 코에 2번째 한길긴뜨기 미완성코를 뜹니다.

3.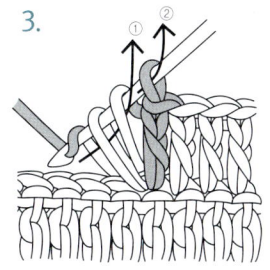
바늘에 실을 걸어 ① 방향으로 빼낸 후, 다시 바늘에 실을 걸어 ② 방향으로 한 번에 빼냅니다.

4.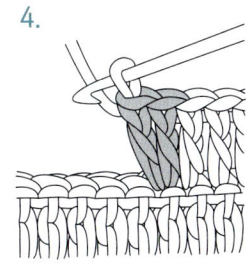
한길긴뜨기 2코 늘려뜨기가 완성되었습니다.

실 색상 바꾸는 법

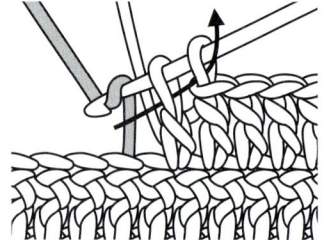

미완성코 상태에서, 바탕색은 내려놓고 바늘에 변경할 실을 걸어 한 번에 빼냅니다. 색상을 변경할 때도, 사용하던 실이 끝나 새 실을 연결할 때도 같은 방법을 사용합니다.

사슬 마무리하기

빼뜨기 없이 코바늘로 마무리하기

1.
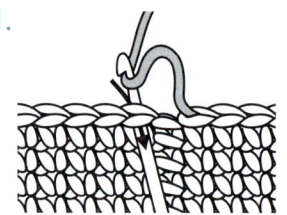

실을 15cm 정도 남기고 자른 후, 코의 머리로 바늘을 넣고 실을 걸어 빼냅니다.

2.

오른쪽의 코의 머리 중 뒤로 반 코만 바늘을 넣은 채로 실을 걸어 빼냅니다.

3.
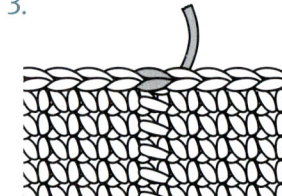

사슬 마무리가 완성되었습니다.

뜨개 바탕 연결하기

감침질로 연결하기

1.
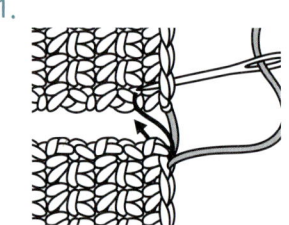

연결할 실을 남기고 자른 후, 돗바늘에 끼웁니다. 이어줄 편물의 1코의 머리 위로 반 코만 바늘을 넣은 채로 실이 연결되어 있는 편물의 1코의 머리 전체에 돗바늘을 넣습니다. 1코의 머리 중간으로 바늘을 넣어 편물 뒤쪽으로 돗바늘을 빼냅니다.

2.
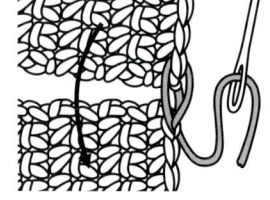

편물을 화살표 방향으로 포갭니다.

3.

포개진 2장의 편물을 화살표 방향으로 한 번에 돗바늘을 통과시켜 감침질로 연결합니다. 이때 편물 2장의 단이 잘 포개어지도록 주의합니다.

대바늘뜨기

대바늘 뜨개 기호

겉뜨기

1.
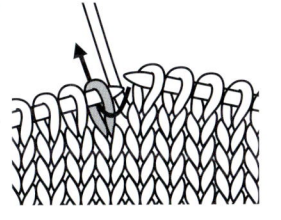
실을 바늘 뒤쪽에 둔 후, 오른쪽 바늘을 앞쪽에서 넣습니다.

2.
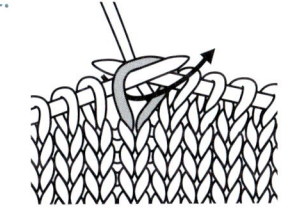
오른쪽 바늘에 실을 걸어, 화살표 방향으로 끌어냅니다.

3.
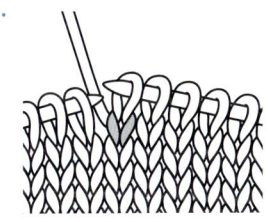
실을 앞으로 끌어온 후, 왼쪽 바늘을 빼내면 겉뜨기가 완성됩니다.

안뜨기

1.
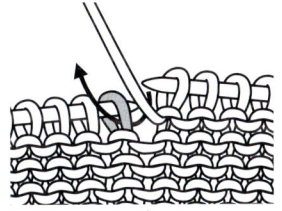
실을 바늘 앞쪽에 둔 후, 오른쪽 바늘을 화살표 방향으로 빼냅니다.

2.
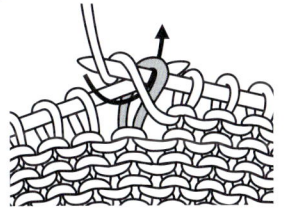
오른쪽 바늘에 실을 걸어, 화살표 방향으로 끌어냅니다.

3.
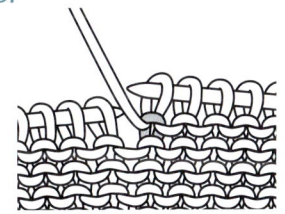
실을 끌어낸 후, 왼쪽 바늘을 빼내면 안뜨기가 완성됩니다.

코막음

1.
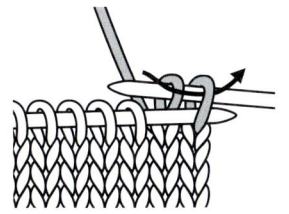
겉뜨기를 2회 한 후, 왼쪽 바늘을 오른쪽 코에 화살표 방향으로 넣습니다.

2.
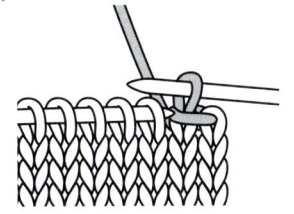
왼쪽 바늘로 오른쪽 끝 코를 옆 2코에 덮어 씌웁니다.

3.
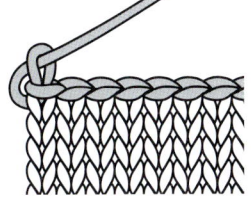
겉뜨기를 1회 한 후, 오른쪽 코를 덮어씌워 코막음을 합니다. 과정 3을 반복합니다.

SUMMER knit bag
ⓒ R*oom 2018
Originally published in Japan in 2018 by SHUFU TO SEIKATSU SHA CO., LTD.,TOKYO,
Korean translation rights arranged with SHUFU TO SEIKATSU SHA CO., LTD.,TOKYO,
through TOHAN CORPORATION, TOKYO, and Eric Yang Agency, SEOUL.

이 책의 한국어판 저작권은 EYA를 통한 저작권자와의 독점 계약으로 ㈜알에이치코리아에 있습니다.
저작권법에 의해 한국 내에서 보호를 받는 저작물이므로 무단 전재와 복제를 금합니다.

코바늘로 만드는 가벼운 니트 백
My knit bag

1판 1쇄 인쇄 2019년 6월 10일
1판 1쇄 발행 2019년 6월 17일

지은이 R*oom
옮긴이 강수현
감수 박강혜

발행인 양원석
본부장 김순미
편집장 차선화
책임편집 윤미희
디자인 designgroup ALL
해외저작권 최푸름
제작 문태일, 안성현
영업마케팅 최창규, 김용환, 양정길, 이은혜, 신우섭, 조아라, 김유정, 유가형, 임도진, 정문희, 신예은
펴낸 곳 ㈜알에이치코리아
주소 서울시 금천구 가산디지털2로 53, 20층 (가산동, 한라시그마밸리)
편집문의 02-6443-8854 **구입문의** 02-6443-8838
홈페이지 http://rhk.co.kr
등록 2004년 1월 15일 제2-3726호
ISBN 978-89-255-6684-9 (13630)

※ 이 책은 ㈜알에이치코리아가 저작권자와의 계약에 따라 발행한 것이므로
  본사의 서면 허락 없이는 어떠한 형태나 수단으로도 이 책의 내용을 이용하지 못합니다.
※ 잘못된 책은 구입하신 서점에서 바꾸어 드립니다.
※ 책값은 뒤표지에 있습니다.